高等职业教育创新创业系列教材

项 目 路 演

主　编　杨　广
副主编　黎　江　贾理淳
参　编　李秋生　王新涛　曾秀臻

机械工业出版社

本书是国家级职业教育创新创业教育教学资源库配套教材，也是深圳职业技术学院创新创业学院和深圳市讯方技术股份有限公司校企合作的重要成果之一。本书从"什么是项目路演"开始，依次讲解了"项目路演的内容""如何做好一场项目路演"，最后通过典型案例复盘，阐述了项目路演的"雷区"。

本书适用对象为准创业者和创业者，无论是在校大学生，还是社会中的有志创业者，都可以通过本书的学习与实践，结合书中二维码数字资源，提升自己的项目路演能力。

本书配有电子课件，凡使用本书作为教材的教师可登录机械工业出版社教育服务网www.cmpedu.com下载。咨询电话：010-88379375。

图书在版编目（CIP）数据

项目路演 / 杨广主编. —北京：机械工业出版社，2021.8
高等职业教育创新创业系列教材
ISBN 978-7-111-68958-4

Ⅰ.①项… Ⅱ.①杨… Ⅲ.①创业-高等职业教育-教材 Ⅳ.①G717.38

中国版本图书馆 CIP 数据核字（2021）第 169024 号

机械工业出版社（北京市百万庄大街22号　邮政编码100037）
策划编辑：杨晓昱　　责任编辑：杨晓昱　徐梦然
责任校对：赵　燕　　封面设计：马精明
责任印制：单爱军
北京虎彩文化传播有限公司印刷

2021年10月第1版·第1次印刷
180mm×254mm·10印张·183千字
标准书号：ISBN 978-7-111-68958-4
定价：35.00元

电话服务　　　　　　　　　网络服务
客服电话：010-88361066　　机　工　官　网：www.cmpbook.com
　　　　　010-88379833　　机　工　官　博：weibo.com/cmp1952
　　　　　010-68326294　　金　书　网：www.golden-book.com
封底无防伪标均为盗版　　　 机工教育服务网：www.cmpedu.com

前　言

改革开放至今已 40 多年，不断地探索、进取和创新成为当今时代的主旋律。在现阶段我国提倡"大众创业、万众创新"的大背景下，如何能够让创新创业更加有的放矢、少走弯路，成为创业者重点关注的方向和亟待解决的问题。换句话说，"坚持创新、勇敢创业"这个"战略"是不动摇的，但"目标清晰、执行到位"的"战术"是任何一支创业团队在初创期就应首先解决的问题。本书的创作初衷，就是聚焦于解决创新创业项目推进中重要的环节——"项目路演"而来的。

创新创业团队在建立初期，亟须分析团队优势、劣势和潜在风险，同时更需要将项目的关键信息和阶段成果，准确到位地展示给投资人、相关媒体（或者大赛评委）以及大众。这些关键信息发布的最重要的途径就是项目路演。目前，不论是在校学生，还是社会各界的有志创业者，在团队组建、推广策略、展示方法、投资应答和复盘提高等项目路演环节还处于"跟着感觉走"的自由状态，这就可能导致"因为项目路演效果不佳而使投资人或评委信心不足"。

本书是国家级职业教育创新创业教育教学资源库配套教材，也是深圳职业技术学院创新创业学院和深圳市讯方技术股份有限公司校企合作的重要成果之一。本书希望帮助创新创业者"完美地完成项目路演，并使之成为项目画龙点睛之笔"。本书编者均为对创新创业研究多年并指导过大量创新创业团队的资深老师和企业专家，集合多年在创新创业指导中收集的众多项目路演的成功经验和失败教训，并将之整合、完善和条理化，从根源问题"什么是项目路演"开始，依次讲解"项目路演的内容""如何做好一场项目路演"和"典型案例复盘，让你走出'雷区'"，将整个项目路演台前幕后的所有重点步骤和意义汇集成书，用"白描"的方式娓娓道来，并且重点分析了典型的项目路演案例。

本书适用对象为准创业者和创业者，无论是在校大学生，还是社会中的有志创业者，都可以通过本书的学习与实践，结合书中二维码数字资源，提升自己的项目路演能力。

由于编者水平有限，不妥之处在所难免，欢迎广大读者批评指正。

编　者

微课视频清单

名称	二维码	名称	二维码
微课1　什么是项目路演		微课7　项目路演PPT的制作技巧	
微课2　团队介绍与创业思路		微课8　舞台意识与如何回答投资人问题	
微课3　商业模式		微课9　商业模式"乏善可陈"	
微课4　推广策略		微课10　融资计划"漏洞百出"	
微课5　市场分析与融资计划		微课11　项目路演方式"平铺直叙"	
微课6　项目路演要有针对性			

目 录

前 言
微课视频清单

第1章 什么是项目路演 // 001

1.1 项目路演的概念 // 003
1.1.1 追溯项目路演 // 003
1.1.2 与时俱进的项目路演 // 004
1.1.3 项目路演的性质 // 004
1.1.4 参加项目路演的一般条件 // 005
1.1.5 项目路演的实现方式 // 007
1.1.6 项目路演的未来之势 // 008
课后演练 // 009

1.2 项目路演的意义 // 009
1.2.1 项目路演的目的 // 009
1.2.2 项目路演的优点 // 010
1.2.3 项目路演的作用 // 012
1.2.4 项目路演的类型 // 013
课后演练 // 017

第2章 项目路演的内容 // 018

2.1 团队介绍 // 020
2.1.1 团队能力 // 020
2.1.2 团队愿景 // 021
课后演练 // 022

2.2 创业思路 // 022
2.2.1 痛点挖掘 // 022
2.2.2 方案介绍 // 026
课后演练 // 028

2.3 商业模式 // 028
    2.3.1 商业模式的概念 // 029
    2.3.2 商业模式的类型 // 038
    2.3.3 商业模式的核心原则 // 044
    课后演练 // 045

2.4 推广策略 // 045
    2.4.1 目标群体 // 046
    2.4.2 价值挖掘 // 047
    2.4.3 推广渠道 // 049
    2.4.4 推广方式 // 054
    课后演练 // 056

2.5 市场分析 // 057
    2.5.1 市场定位 // 057
    2.5.2 竞争分析 // 062
    2.5.3 风险预测 // 063
    课后演练 // 066

2.6 融资计划 // 066
    2.6.1 财务状况 // 066
    2.6.2 融资需求 // 071
    2.6.3 融资方式 // 071
    2.6.4 财务预测 // 075
    课后演练 // 077

第 3 章 如何做好一场项目路演 // 078

3.1 项目路演要有针对性 // 081
    课后演练 // 086

3.2 项目路演 PPT 的制作技巧 // 086
    3.2.1 项目路演 PPT 的意义及其特殊性 // 087
    3.2.2 项目路演 PPT 的制作技巧 // 088
    3.2.3 项目路演 PPT 的制作原则及典型案例 // 100
    课后演练 // 105

3.3 舞台意识 // 105

    3.3.1 熟悉项目路演的环境 // 105

    3.3.2 打造项目路演者的形象 // 106

    3.3.3 掌握演讲技巧 // 107

    课后演练 // 110

3.4 如何回答投资人的问题 // 111

    3.4.1 注意态度 // 111

    3.4.2 投资人问题类型 // 112

    3.4.3 回答技巧 // 118

    课后演练 // 119

第 4 章　典型案例复盘，让你走出"雷区" // 120

4.1 雷区1：商业模式"乏善可陈" // 122

    4.1.1 商业模式的不可复制性 // 122

    4.1.2 商业模式的实践能力 // 123

    4.1.3 设计商业模式的要点 // 123

    4.1.4 商业模式的创新 // 125

    课后演练 // 132

4.2 雷区2：融资计划"漏洞百出" // 132

    4.2.1 企业融资总收益要大于融资总成本 // 133

    4.2.2 企业融资规模要量力而行 // 134

    4.2.3 融资计划要有理有据 // 135

    4.2.4 必须要体现强劲的财务营收潜力 // 136

    课后演练 // 139

4.3 雷区3：项目路演方式"平铺直叙" // 140

    4.3.1 掌握内容，不拘泥于讲稿 // 140

    4.3.2 找准话题，提升投资人兴趣 // 140

    4.3.3 与投资人互动，营造参与感 // 141

    课后演练 // 148

参考文献 // 149

第 1 章
什么是项目路演

本章导读

项目路演是什么？它是如何出现的？它的发展历程是怎样的？它以怎样的形式存在？它能带给人们怎样的利好？带着这些问题读下去，本章内容将会为你一一解答。

本章重点：学习项目路演的核心概念，梳理出项目路演的深层次内涵。

本章难点：学习本章内容后，能够准确地区分项目路演的类型。

学习目标

1. 认识和了解项目路演的起源、发展与趋势
2. 掌握项目路演的核心概念、性质和条件，建立参与项目路演的认知基础
3. 领会项目路演的意义
4. 学习项目路演的类型，明确项目路演的主要方向

思维导图/学习路线

项目路演的概念
- 追溯项目路演
- 与时俱进的项目路演
- 项目路演的性质
- 参加项目路演的一般条件
- 项目路演的实现方式
- 项目路演的未来之势

什么是项目路演

项目路演的意义
- 项目路演的目的
- 项目路演的优点
- 项目路演的作用
- 项目路演的类型

1.1 项目路演的概念

2014年9月召开的夏季达沃斯论坛开幕式上,李克强总理首次提出,要借改革创新的"东风",在960万平方公里土地上掀起"大众创业""草根创业"的浪潮,形成"万众创新""人人创新"的新态势,如图1-1所示。由此开启了大众创业、万众创新的时代,掀起了全国各地的"双创"热潮。创业潮有如井喷之势,各行各业催生了大量的中小企业。创业者们需要资金来支撑、延续、壮大自己的创业体系,必将走上融资之路,而项目路演是融资中必不可少的重要手段。在大众创业、万众创新的相关政策支持下,企业对于资源资本的需求逐渐扩大。在激烈的竞争环境下,如何挖掘企业、孵化器、城市的品牌价值,并呈现给投资人、销售渠道等相关利益方,成为互联网时代创业或者转型必须面对的问题。而项目路演则能通过科学有效的方式解决这些问题。

图1-1 2014年夏季达沃斯论坛

1.1.1 追溯项目路演

项目路演源自于英文"Road Show",原来是指在马路上进行的演讲活动。早期,华尔街股票经纪人在兜售手中的债券时,为了说服别人,总要站在街头声嘶力竭地叫卖,但客户一般不会停下来仔细听经纪人推销,所以推销时间往往很短。有的经纪人就会跟着客户进入电梯,利用电梯升降的短短几十秒时间进行推销,这也被称作"电梯路演"。到后来,虽然有了股票交易大厅和先进的电子交易手段,但项目路演的习惯还是保留了下来,只不过,项目路演的地点不再是马路或者电梯,取而代之的是酒店和礼堂。而电视、电话、计算机等设备也成了项目路演的常用工具。经过多年的演变,项目路演的方式变得越来越成熟,逐渐成为投资、融资双方在充分友好交流了解的基础上促进项目成功的重要推介活动和宣传手段。项目路演不仅可以促进投资、融资双方的沟通和交流,以保证项目成功,而且还能提高项目潜在的价值。

1.1.2 与时俱进的项目路演

如今,很多创业者也选择通过项目路演的方式将自己的项目计划和商业模式呈现给投资者,项目路演逐渐成为创业者寻找投资人、获得融资的重要路径。这是因为项目路演这一创意十足的宣传推广创业项目的模式,一被引进到国内就受到了投资者和创业者的关注和青睐,纷纷使用项目路演的方式来推介自己的项目。甚至项目路演本身也开始形成一个商业契机点,成了一个细分行业,以给有需求的企业或创业者提供咨询、指导、运营项目路演的服务为卖点。这间接说明项目路演的作用越来越有效,项目路演越来越受到重视,"项目路演潮"在商业投资领域悄然兴起。

项目路演的概念十分宽泛,主体不单指企业,也指代某个项目;对象也不仅仅是投资人,也可以是合作者。例如,某个初创企业参加项目路演,以争取风险投资人的投资;某个企业内部的某个人或某个部门推出一个创新项目,参加企业内部的项目路演,争取获得企业的资源支持,以做大项目或者独立成为一个创业项目;某企业推出新的产品或业务模式,通过项目路演招募业务合作方、加盟商或代理商。

项目路演不仅在创投领域被广泛应用,其应用领域已经延伸至新闻发布会、产品发布会、现场咨询会、文艺表演、游戏和比赛等。

项目路演的模式及其内涵正在大众创业,万众创新的背景驱动下,为了满足现代企业竞争发展的需求而悄悄改变和延伸,与时俱进。

1.1.3 项目路演的性质

项目路演的性质可以分别从参与机制、沟通机制、构成机制和保密机制 4 个方面进行阐述,如图 1-2 所示。

图1-2 项目路演的性质

1. 参与机制

项目路演采取自愿报名、审核通过的机制。例如，邀请全国范围内早、中期创业项目以及传统行业具备创新模式的项目参加。

2. 沟通机制

项目路演是国内外诸多风险投资机构实现融资的高速公路，实现创业项目方与投资方的零距离直面对话、平等交流、专业切磋，促进创业项目方与投资方的充分沟通和加深了解，最终推动融资进程。

3. 构成机制

项目路演由8～10个创业项目成员和8～10个投资机构代表组成，要确保每个项目进行较为充分的展示，并与投资机构代表进行深入的沟通。

4. 保密机制

出于商业保密的要求，除创业项目和投资机构代表之外，项目路演全程谢绝无关人员参观，而且项目路演主办方及所有参会人员均须承诺：除非得到本人许可，要对项目商业秘密和项目路演个人资料进行严格保密，不得将项目路演的任何内容用于商业目的。

1.1.4 参加项目路演的一般条件

在商业行为中，项目路演是非常重要的活动，一般来说，项目要满足以下6个条件，方可进行项目路演，如图1-3所示。

图1-3 参加项目路演的一般条件

1. 合格团队

一个合格的团队是为了达到共同的目标，由基层和管理层人员组成的一个具有向心力的共同体。它能够合理利用每一位团队成员的知识和技能协同工作、解决问题。一个合格的团队由 5P 要素构成，分别为目标（purpose）、人（people）、定位（place）、权限（power）和计划（plan）。一般来说，可以根据团队存在的目的和拥有自主权的大小将团队分为 5 种类型：问题解决型团队、自我管理型团队、多功能型团队、共同目标型团队和正面默契型团队。

团队的建设是创业成功的基石，创业团队也是投资者是否参与投资的重要考量因素。所以，建立一支合格的团队，会为项目路演的成功加上一个重要的砝码。

2. 项目成功运作

从宏观角度，判断项目成功运作与否的因素一般包括但不仅限于时间进度、成本控制、效益情况、质量要求、交付情况等。不同行业有具体的量化指标以供判断，这些量化指标具有科学依据，逻辑条理性强，足以让人信服。

3. 项目内容可供演示

项目路演的内容必须是有具体应用落地的项目成果，而不是一腔激情的空谈。这个项目成果是可供演示的，最好是让投资者能够直观地明白项目概念和构成等。

4. 商业计划和财务资料

项目必须有完整的商业计划及其历史财务资料。商业计划书（business plan）必须完整，它包括企业筹资、融资，以及企业战略规划与执行等一切经营活动的蓝图与指南，也是企业的行动纲领和执行方案，其目的在于为投资者提供一份创业的项目介绍，向他们展现创业的潜力和价值，并说服他们对项目进行投资。项目路演是对项目的精华进行简短推介，投资者若要深入全面地了解该项目，那就需要一份内容翔实、数据丰富、体系完整、装订精致的商业计划书了。一份规范、合格、准确、数据表现优秀的商业计划书及其历史财务材料会增加投资者对项目的信心。

5. 商业模式和商业价值

项目必须拥有独特商业模式和商业价值。投资者有天然的趋利性、趋新性，项目的商业模式是项目价值的核心要素。一个与众不同的商业模式能够迅速聚焦起投资者的好奇心，再加上对商业价值的合理有据的阐释，势必能让投资者对项目留下深刻印象。

6. 融资需求明确

项目必须有明确的融资需求、融资标的范围。项目融资者必须比任何人都了解自己的项目，明确自身项目的融资需求，不能盲目地确定标的范围，要根据企业发展需求与自身实力，合理地确定融资标的范围。

1.1.5 项目路演的实现方式

很多人误以为项目路演只是一场单纯的演讲或者营销活动（见图1-4），这其实是一个很大的误区。

图1-4 项目路演不只是"营销+演讲"

1. 项目路演不只是演讲

项目路演的实现方式类似演讲，但是却不单纯等于演讲。在资本市场还没成熟的时代，项目路演从未从演讲的概念中细分剥离出来，因此被统称为演讲。但是演讲是一个大类，而项目路演是其中一个分支。在不断适应社会发展、商业需求调整变化中，项目路演已经不只是单纯的演讲，更不是炫耀口才。虽说口才的确是影响项目路演效果的重要因素，但是优秀的口才只是项目路演成功的必要不充分条件之一，滔滔不绝的口才也不足以支撑一位项目路演者的成功。

如何对二者进行简单的区分？演讲主要依靠的是口才和肢体动作，而项目路演依靠的是完整的商业逻辑与完美的表现力。除了语言表达，项目路演还可以借助文字、图片、音频、视频等多媒体工具或形式，以及项目产品或原型，来对项目进行比较完整的推介。

2. 项目路演与营销

从本质上讲，项目路演是一种宣传手段和推广方式，而且非常类似于营销。营销是企业发现或发掘准消费者需求，让消费者了解该产品进而购买该产品的过程。一场完美的项目路演毫无疑问能够很好地促成营销。项目路演的目的是营销，但一场好的项目路演又不仅仅是为了营销，它更注重的是品牌的推介、项目的介绍、商业价值的表达、商业模式的阐述，其最终的目的在于吸引投资人，促成融资。

总之，项目路演以演讲的形式落地，再辅以一些营销的思路和技巧。要让项目路演更加丰满，更加具有说服力，这两者缺一不可。

1.1.6　项目路演的未来之势

项目路演的前景将会越来越广阔。

一方面，近年来我国越来越注重创新，从"中国制造"到"中国创造"，我国正在向创新型国家转变，鼓励创新创业的政策不会改变并会持续发挥影响。政策背景驱动下，创业者会备受鼓舞而持续增加，初创企业有大量融资需求，项目路演将扮演越来越重要的角色。

另一方面，信息技术、生物技术、新材料技术、新能源技术、空间技术和海洋技术等新技术的飞速发展带来了新的经济发展模式、新的产业构成模式和新的创新创业机遇。特别是信息技术高速发展的今天，出现了以云计算、大数据、物联网、人工智能和5G技术为代表的各种新技术，围绕新技术新发展，在实体企业或互联网企业萌生了各种"新鲜"的产业模式。各行各业新兴的创意、产品、项目想要为投资者所了解、关注、认可，就需要进行项目路演。项目路演的应用场景越来越广泛，而企业以自身需求为出发点，也将催生出高效切实的项目路演模式。

这个"互联网+"和大数据的时代，企业与市场、企业与资本、个人与个人的连接变得更广泛，想要获得成功，就需要更快速有效的呈现方式，让自己和自己的创业项目被迅速识别并得到认可。

从产品发布、招商订货、融资众筹到团队激励、政府汇报、媒体宣传等，项目路演早已超越了传统的演讲，是一种更有效的、以领导者为主的、方式多元的呈现自己的企业和产品、获得目标听众支持的方式。

课后演练

众所周知，乔布斯的苹果系列产品发布会是非常成功的项目路演。请试着查找苹果产品项目路演的相关资料，并分析其具备成功路演的哪些要素。

1.2 项目路演的意义

1.2.1 项目路演的目的

总体上来说，项目路演无非是为了达到以下两个目的。

一方面，增加信任。任何交易都建立在信用和信任的基础之上，资本市场更是如此。信息披露的本质就是建立信任，但文字可以包装，项目路演使投融资双方能面对面零距离接触，增强彼此信任度。这一点，在信用体系不够完善的市场显得更为重要。而在我国，传统的商业文化是讲究"眼缘儿"，见面不单纯是礼仪安排，更是信用加强的需要。

另一方面，即时沟通。项目路演强调即时沟通，往往更能反映项目真实的情况。尤其是在问答环节，项目方和投资方通过互动交流，可以将彼此的了解提升到新高度。

一言以蔽之，项目路演的目的是让路演者面对多位准投资者，直观地阐述产品、项目，与准投资者直接交流，以实现项目或企业的融资需求，具体到不同的商业领域，如股票市场、产品、融资、招商等，目的又有所不同。

股票市场路演的目的是促进投资者与股票发行人之间的沟通和交流，以保证股票的顺利发行，股票发行人和承销商要根据路演的情况来实现以下目的：

1）查明策略投资者（为一个项目或者一个计划进行投资的人）的需求情况，由此决定发行量、发行价和发行时机，保证重点销售。

2）使策略投资者了解发行人的情况，做出价格判断；利用销售计划，形成投资者之间的竞争，最大限度地提高评估价格。

3）为发行人与策略投资者保持良好关系打下基础。

产品路演通过现场演示的方法，和消费者面对面交流，引起目标人群的关注，让他们产生兴趣，最终达成销售。其目的一是宣传，让更多的人知道产品；二是可以现场销售，增加目标人群的试用机会。

融资路演的目的又有一些不同：

1）对相对成熟的企业来说，是为了追求更大的发展空间，为进入资本市场而融资。

2）对初创企业来说，为了企业的后续发展，需要得到资金、资源的支持。

招商路演是通过项目路演，让企业达到招商（代理商/加盟商/合作商）的目的，快速启动市场；通过招商路演，让目标经销商明白市场是如何操作的，是否有解决问题的方法。项目路演不是目的，招商才是目的。

1.2.2 项目路演的优点

项目路演的优点在于可以同时让多个投资者认真地倾听你的讲解和说明，同时还可以有一个思考和交流的过程。据统计，我国的股权投资机构有15000多家，顶级投资机构一般一年会收到2万~4万个项目。通常情况下，像红杉资本、IDG、深创投、君联资本这些投资机构，平均每年投资的项目是60~80个。投资者每天看到的计划书和接触的项目很多，甚至有的投资者一天阅读上百份项目计划书，所以筛选项目往往只能凭借市场份额、赢利水平等量化指标，很难了解项目的精彩之处，很多优质的项目都是因此与投资擦肩而过。

而项目路演就是可以让投资者在布置好的安静会场环境里，在路演者图文并茂、富有感染力的讲解和展示下，专注于对企业项目的聆听和了解。另外，投资者并非对各行各业都有深层次了解，特别是针对一些技术性或专业性比较强的项目，路演者可以通过自己的精辟讲解，以通俗的语言、丰富的工具阐述项目内容，大大提高和投资者之间的交流效率，能减少出现投资者看不懂和不理解项目的弊端，让投资者和感兴趣的项目能够快速对接，从而做出更为准确的判断，避免在融资的道路上走弯路。

除了提供直接交流场景，提高沟通效率，项目路演还有获取指导、获取资源和获取信用背书的优点，如图1-5所示。

图1-5　项目路演的优点

1. 获取指导

投资方，尤其是天使投资人，常常是行业中的大佬或成功的前创业者。他们具备挑选项目的眼光，自然也有扶持项目的能力。他们提供的关于产品、技术方面的专业意见，或者关于企业管理、商业模式、战略方向的经验及思考，对创业企业来说是无价之宝，这些都关乎着初创企业生命周期的长短。能够在创业初期获得行业顶尖人士的建议，这比获得投资更加宝贵。

2. 获取资源

以天使投资人为例，他们具有资金以外的资源，包括但不限于政府、媒体、人才、市场渠道及下一轮融资的渠道等。为了扶持早期项目，天使投资人往往愿意向创业者提供这些资源，事实上很多创业者在选择投资方的时候就是以这些资源为依据的。

3. 获取信用背书

信用很好了解，信用背书是什么意思呢？金融领域的信用背书指的是找人或找机构给自己做担保的行为，也就是请自己以外的人来为自己的项目做个见证。顾客要购买一件新的东西最容易有不安全感，企业要把这种不安全感去除，让顾客产生信任感，所以要做信用背书。

天使投资人即便不向创业者提供指导和资源，但仍然有其价值，那就是信用背书。一个有名的投资人投了你的项目，这说明你的项目获得了专业人士的认可。

只要投资人愿意透露这起融资消息，你就获得了一个闪亮的宣传点。即便投资人不愿公开披露信息，在小范围的交谈中你仍然可以拿出投资方的名号作为强有力的保障。在参加项目路演的过程中能够得到名企名人的认可，将会增加其他投资者对你的产品或项目的信任度，为下一次争取融资打下信任基础。

1.2.3 项目路演的作用

一个人或者团队只要开始创业并且假设最后会走完创业所有流程获得成功，就将面临种子轮、天使轮、A轮、B轮等融资。在多轮融资过程中，项目路演将以产品发布会、产品展示等活动形式贯穿创业始终，其作用可以简单地概括为吸引资金和资源。

很多人都以为找投资人、投资机构只是筹钱，这是一个误区。聪明的创业者在选择投资人或投资机构的时候，钱不一定是第一考虑要素，资源才是放在第一位的。有的投资机构进来，可以解决市场开拓的问题；有的投资机构进来，可以解决成本降低的问题；有的投资机构进来，可以解决技术的问题。概括来说，项目路演对于初创企业或者高速发展中需要融资的企业来说有如下作用（见图1-6）。

图1-6 项目路演的意义

获得更多资金。 争取投资是参加项目路演的创业者普遍和最直观的目标。企业可以合理利用好争取来的投资，完善企业发展的各个方面，包括引进更多人才，完善组织架构、企业制度，加大研发力度等。

建立品牌。 对于创业者来说，一次项目路演活动能够让自己的产品或项目品牌在投资者脑海中留下深刻印象，那么这次项目路演就是成功的。即使投资方当时不会与路演方达成合作意向，但是如果加上后续的交流，一定会有收获。

开辟市场。 寻找投资者，也是寻找合作伙伴的过程。例如，对于餐饮企业来说，自己开两三家门店，只能覆盖一下门店附近的市场，但如果能够开100家，就能做100家店覆盖的市场，其连锁的品牌效应凸显；对于一些传统制造企业来说，单靠厂家的能力，产品销量肯定是有限的，要把整个市场做大做好，还得借助全国甚至是全世界合作伙伴的力量。

横向与纵向并购产业，快速扩大企业规模。资源纵向并购是指处在产业链上下游的企业之间的并购，例如，生产汽车的企业并购一家生产轮胎的企业。纵向并购可以减少企业因原材料价格的巨幅波动而减少的风险，可以为企业减少因关联交易而产生的缔约费用。横向并购是指生产相同或类似商品的企业之间的并购，例如，一家生产轮胎的企业并购另一家生产轮胎的企业。横向并购最大的好处就是减少竞争，扩大市场份额，获得"1+1＞2"的效果，但是会受到反垄断法的限制。

降低现金流压力。企业高速发展时期是很"烧钱"的，充足的现金流能够应对企业在一些商业模式、市场战略、人事变动、财务政策等方面的调整变动或者"试错"，这有利于企业度过某个时期的"难关"，有利于长远发展。

取长补短，互利共赢。对于路演企业来说，其优势在于团队资源、研发实力、创意项目等。如果已经形成较为清晰的赢利模式与运营系统，有较大的商业潜力，却因为缺乏资金，企业运转难以为继，就很可惜。投资者的优势在于资金充足，具有市场眼光、战略布局和系统构建经验等。投资可以充分发挥自身的优势，给有潜力、有需要的企业注入资金，帮助其快速发展，从而获益。

形成商业模式的良性循环。商业模式的设计必须要基于企业现有的资源和市场占有规模，在汲取投资方丰富经验的基础上，可以指导企业合理利用资源，强化自身的良性循环，从而有利于开展商业模式的良性竞争。

1.2.4 项目路演的类型

项目路演的类型如图1-7所示。

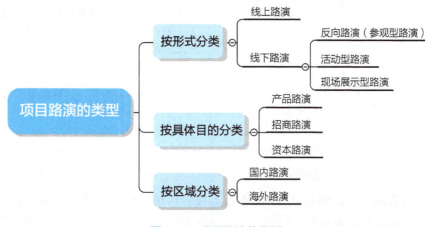

图1-7 项目路演的类型

从形式上进行区分，有线上路演和线下路演。线下路演一般可分为反向路演（参观型路演）、活动型路演和现场展示型路演。

根据路演的具体目的不同，还可以分为产品路演、招商路演、资本路演。

从区域上来分，又可分为国内路演与海外路演。

从形式上来分，项目路演可分为线下路演和线上路演。 线下路演主要通过专场活动，投、融资双方进行面对面的演讲以及交流；线上路演主要是通过在线交流平台、视频会话系统等互联网方式对项目进行演示和讲解。两者特点对比见表1-1。

表1-1 线下路演和线上路演的特点对比

特点类型	线下路演	线上路演
时间成本	发行人要在全国各地巡回路演，才能让大多数人了解自己，但期间工作量很大，效率较低	利用一次性的路演活动就可全方位展现项目，在很大程度上降低了发行人的时间成本
交流程度	发行人要发放大量纸质材料，不便携带和保存，而且每次线下路演的时间较短，不利于深入了解项目的情况	商家可将大量企业资料存放在数据库中，供人们随时查阅，便于公众反复浏览、研读，加深了解
评估科学性	采用人工计算评估，准确度低，速度较慢，耗时较长	利用网上调查系统，设计调查表格，通过自动统计调查结果，对项目进行及时、科学的评估
沟通及时性	投、融资双方可以进行直接的交流对话、答疑探讨，从而让双方聚焦于项目来进行实时且全方位的探讨	虽然通过网络也能及时沟通，但还是少了直接对话的现场感，有时甚至有延时迟滞，这会使双方沟通效率大打折扣，从而影响后期融资洽谈
现场感	场地、人员、环境等都是影响线下路演成功的重要因素。这种现场感、浓烈的路演氛围能够帮助路演者迅速进入状态	不可控因素更少，营造的环境更纯粹，但是缺少现场感

线下路演的主要形式是举行推介会。在推介会上，企业向投资者就企业的业绩、产品、发展方向等作详细介绍，充分阐述其投资价值，让准投资者们深入了解具体情况，并回答机构投资者关心的问题。

线上路演（Road Show Online）。随着网络技术的发展，传统的路演模式也开始移植到了互联网上，催生了线上路演。线上路演是网上互动交流模式和新闻发布模式，主要依托于各大网络路演平台，进行远程在线路演。线上路演借助强大的互联网技术支持，以实时、开放、交互的网络优势实现投融资双方充分的网上互动交流和新闻发布。除了具有突破时空阻隔的优势外，还大大降低了成本，解除了人数上的限制，加快了信息处理速度。此外在统计方面也更加便利。

下面解释一下线下路演的类别。

反向路演是将投资者请到企业管理或生产现场参观或者进行业绩推介。相对于"走出去"的路演，这一"请进来"的模式称为反向路演。这种双向沟通能够减少因信息不对称给企业带来的负面影响，营造企业和投资者之间的良性互动关系，实现企业和投资者双赢。

活动型路演采用包括新闻发布会、研讨会、座谈会、论坛和促销推介会等多种形式，使政府和相关部门了解企业项目的实力和项目的理念，为后期区域扩张奠定基础；使有意愿投资的参与者了解企业的经济实力、专业水平，为宣传品牌和后期合作奠定基础；使目标用户或消费者了解该企业项目，在用户心中打造品牌形象，为后期进入市场做好准备。

现场展示型路演最典型的就是近些年来备受推崇的 IPO 路演。IPO，全称 Initial Public Offering，译为"首次公开发行股票"。IPO 指的是一家企业或公司（股份有限公司）首次向社会公众投资者发行证券——通常是普通股票。通常上市公司的股份是根据向相应证券监督管理机构出具的招股书或登记声明中约定的条款，通过做市商或经纪商进行公开销售。完成 IPO 后，上市公司可以申请到证券交易所或报价系统挂牌交易。有限责任公司在申请 IPO 之前，应先变更为股份有限公司。

另外一种获得在证券交易所或报价系统挂牌交易的可行方法是在招股书或登记声明中约定允许私人公司将它们的股份向公众销售。这些股份被认为是"自由交易"的，从而使得这家企业达到在证券交易所或报价系统挂牌交易的要求条件。大多数证券交易所或报价系统对上市公司在拥有最少自由交易股票数量的股东人数方面有着硬性规定。

根据路演的具体目的不同，还可以分为产品路演、招商路演、资本路演。

产品路演是通过邀约客户来参加会议，走完一系列的会议流程，最终达到让客户购买产品的目的的过程。简单来说，产品路演就是通过一对多的演说来让客户购买产品/服务的过程。

产品路演有大型的，也有小型的。大型的如苹果、小米的发布会；小型的就是直销或保险行业的产品说明会，还有各种沙龙会等。这些会议的核心目标只有一个，就是卖出更多的产品/服务。

招商路演是招募商家的路演。通过招商路演，把这些商家都变成合作伙伴，借助彼此的力量、发挥彼此的优势共同把项目做大。招商路演的形式主要有招募加盟商、招募代理商和招募合作商户3种形式。

第一，招募加盟商。招募加盟商更多是针对服务业与零售业。为了便于理解，下面统称为门店。例如，一个创业者已经开了两家以上的门店了，也有一套相对完善的运营系统，这时，他可以开始寻求连锁体系，让其他人来加盟，开更多这个品牌的门店，这种行为就是招募加盟商。最典型的就是麦当劳、肯德基。用这种方式做加盟的，餐饮行业最多，其次是服务业与零售业，如酒店、美容院、服装店、水果店、教育培训机构等。它们都有一个共同的特点，就是有门店。

第二，招募代理商。招募代理商更多是针对制造业来说的。例如，一家工厂希望生产出来的产品能够卖到全国，所以要找一些能够卖货的商家来销售本工厂的产品，或者说项目方希望找到更多的合作伙伴来帮它开拓市场，这种行为就是招募代理商。绝大部分生产产品的厂家都是采用这一种方式，这些代理商包括区域代理商、直销的经销商，甚至微商等。

第三，招募合作商户。小到一个商场，大到一个商圈乃至一个城市，每个城市都在打造各种商圈，它们都希望有更多符合条件的商家进驻，这种行为就是招募合作商户。商场希望引进一些大品牌商户，因为大品牌本身就很能够吸引人气；城市希望引进大企业，因为这会拉动消费，为当地带来税收和更多的就业机会。

资本路演是以融资为目的的路演。具体说来就是面对投资人、投资机构，阐述自己的商业想法，说服投资人与投资机构给自己投资的行为。以企业资本发展路径（见图1-8）来看，资本路演的形式分为以下几种。

在企业的初创期，第一笔创业资金可以是几个合伙人共同出资，也可以找身边的朋友去筹集。

当企业的商业计划已经成型，就可以寻找天使投资人，或是通过一些平台来众筹。

当企业发展到一定规模，可以找风险投资基金，进行A轮、B轮、C轮、PE轮等融资。

当企业上市后，则是通过IPO，以及在交易市场出售股票、股权获得资金。

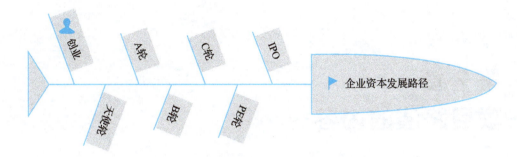

图1-8 企业资本发展路径

 课后演练

以小组为单位,分工合作。寻找上市企业案例,探寻其上市历程,总结其资本发展路径的异同。在其发展过程中,你是否能找到项目路演的影子?讨论项目路演在其企业资本发展中发挥的作用,并分小组讲演汇报。

第 2 章
项目路演的内容

  本章导读

本章具体介绍项目路演时需要向投资人阐述的主要内容，这些内容就是展现整个项目的"硬实力"，主要从团队介绍、创业思路、商业模式、推广策略、市场分析、融资计划这 6 个方面展开，让整个项目路演内容更加的"饱满"。

本章重点：商业模式的主要构成元素有哪些，在此基础上如何制作商业计划书。

本章难点：如何在做好市场分析的基础上，剖析和挖掘痛点，形成创业思路。

  学习目标

1. 在学习本章内容后能够根据自身项目的需要规划、组建团队
2. 创业团队可以理清自身项目的创业思路，发掘自身项目所解决的痛点
3. 创业团队可以制订出商业计划书，并根据正确的市场分析匹配合适的推广策略

思维导图/学习路线

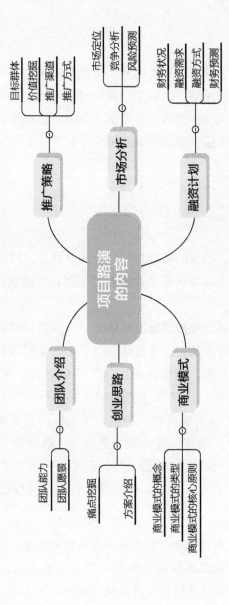

2.1 团队介绍

在路演过程中,除了项目本身的优劣、价值起决定性作用之外,项目团队能否支撑起项目的发展也尤为重要。团队介绍要突出团队的能力和专业水平,既要有力又不能盖过项目介绍的风头。例如,在团队介绍时,以故事开头,这样路演可以生动而自然地过渡到创业思路,进而升华到团队愿景。

2.1.1 团队能力

企业的核心是团队,团队的核心是每一个团队成员,所以团队以及团队成员的背景和能力在项目路演中的体现是非常重要的,要介绍团队成员的学历、专业、工作经验、研发出的产品。

浙江东阳新媒体诚品文化传媒股份有限公司(以下简称新媒诚品)就在项目路演时将这一点发挥得淋漓尽致,在项目路演过程中,新媒诚品主要从两个方面向大家诠释了团队的优势。首先,新媒诚品展示了一线导演、明星和顶级编剧这样的团队资源,如导演高希希,代表作《三国演义》;导演黄伟杰,代表作《天涯明月刀》;《芈月传》的导演蒋胜男和《中国合伙人》的导演周智勇;还有一些与其合作的明星,如赵丽颖、刘涛、吴奇隆、刘诗诗、陈坤等。随后,新媒诚品展示了团队对于影视作品强大的发行能力,并且列举了一些成功的数据,让大家对于团队所取得的成果一目了然。基于这样的路演模式,新媒诚品获得了不少投资人的支持。

> 【注意】介绍团队成员时要介绍与项目有关联的内容,不相关的再有实力也不要介绍;不需要给成员排资论辈,突出核心,证明团队成员实力即可;介绍成员时切记不要单纯地排列一些人名,听众没有必要浪费时间听你讲解企业职工名单,所以要用一系列的数字来着重突出员工业绩,针对项目介绍团队,展示团队的整体实力,给听众留下深刻的印象。

项目路演时也可以从讲团队的奋斗历程入手，团队的奋斗历程体现了企业的成长过程，可以直观地体现团队的技术水平、抗压能力、解决问题的能力。

2.1.2　团队愿景

在生活中，人们经常会提到"祝愿"这两个字；在企业里，人们也经常会听到与之类似的词：愿景。那么什么是团队愿景？顾名思义，是企业未来愿望实现的景象。愿景在关键时刻能够像一把熊熊烈火，令人情绪大涨。乔布斯（见图2-1）想必大家都不陌生，下面这段文字是乔布斯亲自配音的短片的中文翻译。

致疯狂的人：

他们特立独行，他们桀骜不驯，他们惹是生非，他们格格不入，他们用与众不同的眼光看待事物，他们不喜欢墨守成规，也不愿意安于现状，你可以认同他们，反对他们，颂扬或者是诋毁他们，但唯独不能漠视他们，因为他们改变了寻常的事物，他们推动人类向前迈进。或许他们是别人眼里的疯子，但他们却是我们眼中的天才。

因为只有那些疯狂到自以为能够改变世界的人，才能真正改变世界。

图2-1　乔布斯

这段文字产生的背景是这样的，乔布斯在创立了苹果公司之后，由于一些内部争斗的失败离开了苹果公司，而在苹果公司陷入举步维艰的时刻，乔布斯又回来挽救这个他一手创造的，犹如自己"孩子"般的公司。但是再次接手，他面对的是亏损几亿美元的局面，他说："我需要给苹果带来勇气的愿景。"于是，他利用这个视频短片，在激发团队勇气的同时，展现了一个支撑团队的愿景。因此，在团队介绍时，一定要将企业文化和团队愿景展示给大家，它可以直接体现一个团队的凝聚力和正确价值观。

> **课后演练**
>
> 根据本节所学内容，以小组或团队为单位（每组2~4人）制作对本团队人员构成、能力优势、团队特点、愿景等方面介绍的相关文档、PPT等资料，内部分工合作，选出讲演者代表本团队，向其他同学和老师推介本团队。
>
> 要求：无论是内容还是形式都要有自己的特点，能给观众留下印象。

2.2 创业思路

一个项目的开始，必定要有一个好的创业思路。在项目路演过程中，怎么样才能更好地阐述整个创业思路？这需要从痛点挖掘、方案介绍和产品介绍这三个递进的方面进行。

2.2.1 痛点挖掘

创业思路挖掘的关键在于能解决用户相关的问题，创业思路要深刻结合社会痛点。那么什么是痛点？用通俗一点的话讲，就是困扰人们的问题。痛点是创业项目的源头。例如，炎炎夏日，人们想品尝麻辣火锅又怕上火，这就是一个令人痛苦的事情，王老吉就发现了这个痛点，打出了"怕上火，喝王老吉"的口号。根据客户的痛点提出的创业项目，在项目路演时就要从当今社会上许多共性问题入手，以引起听众的注意和共鸣，进而阐述创业项目的重要性和可行性，这是痛点挖掘的重要性。

找到痛点还要将其展示出来。在做项目路演展示文字的基础上，要尽量用生动的方法展示，如用数字、表格、图片等形式，以提高投资者的共鸣。传统的市场痛点不会太多，因为传统的市场已经成熟了，所以能找到两到三个就很好了。对于不够成熟的新兴市场，痛点和传统市场相比就会大大增加，但是也不能突然就找出十多个痛点，这样会显得创业者只从消费者的角度看问题，并没有整体地从企业的角度看待问题。不要什么样的问题都列举出来滥竽充数，所有人都知道如何解决的不痛不痒的问题会暴露创业者对行业了解得不深，甚至根本不了解。

1. 痛点分析

项目路演如何做痛点分析？任何一个行业都有自己的不足之处，吸引投资人的关键点就是创业者发现行业中存在的痛点，然后找出有效的解决办法。所以，在做痛点分析的时候，要尽最大努力把市场上目前存在的问题说清楚，不能歪曲事实，也不能说模棱两可的话。只要借助于客观事实，把行业中的痛点问题讲清楚，让投资者看到了这个问题、产生共鸣，并且相信创业者有解决这个问题的能力。那么这就是一个成功的项目路演。

痛点分析一："优质的社区医院能解决患者80%的小病，但由于没有建立完善的制度，患者面临看病贵的问题。"

在这个痛点分析里"看病贵"只是一个表象，而产生的原因却只有"没有建立完善的制度"这样一个很笼统的原因，这不能让人产生共鸣。

痛点分析二："市场上有越来越多的人想学习新媒体运营。"

这个痛点实际上是想说明"客户需求量大，但入行难"，但它只是说了量大，没有阐述到核心痛点"入行难"，后面提供的解决方案就没有针对性。

痛点分析三："新一代读者对国产动漫的接受度高，但是优质作品太少，无法满足用户的需求"。

这个痛点看上去好像没问题，但是并没有阐述清楚"优质作品太少"的内因，也就是说，没有找到真正的"痛点"，不能让人产生共鸣，也没有提出有针对性的方案出来。

那么应如何分析痛点呢？

对于分析一，项目的痛点是"缺乏优质社区医院"，应分析为："由于医疗资源分布不均匀，目前的社区医院还不成体系，覆盖范围还不广；没有建立起完善的转诊和分级诊疗制度，患者对社区医院的认知也停留在卫生所的水平。"

这样分析"内因"就更为具体，从而转到"看病贵"，大家也更能够理解了。

对于分析二，应分析为："很多用户想转行从事新媒体工作，但是缺乏系统的理论知识、职业技能、项目实战，因此无从入手。"

这样的分析会使投资人觉得这个项目的痛点是针对线上新媒体大学，是真实的市场需求，并且这个需求具有商业价值。

对于分析三，应分析为："新一代读者对国产动漫接受度高，不乏好平台，但创作团队制作能力普遍较低、内容生产的质量不稳定，同时不能保持稳定的更新频率。"

这样的分析说明了中国动漫市场的客观现状：优质的网络漫画平台拥有庞大的流量资源，但是渴求优质内容；新生代的用户对于国产动漫的接受度高，同时期待也高。优质作品少的原因包括团队制作能力、内容设计能力以及团队的稳定性。

"痛点"分析是投资人判断一个项目是不是直击真实存在需求的依据。尽最大努力满足人们最基础和最本质需求的项目一定有潜力在将来成为大企业。用户有什么样的问题？这些痛点我能用什么方法解决？类似这些生动具体的痛点分析可以打动投资人。所以，一个好的项目路演要对项目痛点进行重点突出的分析，不仅要深刻挖掘，还要说明问题的严重性，这样会使项目路演更具有灵魂。

2. 痛点阐述的方法

痛点分析出来了，怎么阐述痛点也是很有技巧的，这里列举两个项目路演当中常用的方式。

（1）问题引导型

痛点是要说服大家而不是单纯的逻辑推理，可以从提出一个问题入手。例如，家喻户晓的葵花牌小儿肺热咳喘口服液的广告语"小葵花妈妈课堂开课啦，孩子咳嗽老不好"，提出问题，直接引起妈妈们的注意，儿童大多都容易感染流行性感冒，而宝宝又是家长们最在意和关心的人，这一句抓住了广大消费者的心，直击痛点，随后又以一句"多半是肺热"给出了结论，抓住事情本质，让大家有了期待，可是这种情况接下来怎么办呢？"用葵花牌小儿肺热咳喘口服液，清肺热，治疗反复咳嗽，妈妈一定要记住哦"，提出解决办法，由产生兴趣到行动购买，这50多个字就是发现痛点并解决问题的充分体现。提出痛点之后，还要把这个问题延伸，提出解决办法。

如果我是一个推广早教产品的创业者，首先会问大家，养孩子，什么事情对孩子的影响最大？人们的回答一定是五花八门的，但是"教育"肯定是其中的一个。这个时候就可以讲讲早教对孩子生长发育的重要性：相关脑科学的研究表明，婴儿出生后的前3年大脑发育是最快的，3岁时，孩子的脑重量已基本接近成人。0~3岁是婴幼儿身体、情感、动作和认知能力发展的黄金时期，在这一时期，如果家长能抓住孩子大脑发育的关键期，对孩子进行科学合理的早教，就可以充分发掘出孩子的潜能，使孩子更具发展潜力。3岁前的孩子接受的都是家庭教育，早教的出现可以使幼儿教育更加完整化、专业化。

通过对有早教经历的3岁以下孩子研究发现：孩子的思维能力普通得到提高，有的孩子会利用手指头做十以内的加减，有的孩子能复述几百字的小故事，还有的孩子能够随着音乐的节拍弹奏乐器。

听到这里，相信每一位家长都会想，如何实施早教呢？这就成功地抛出了问题，接下来就可以提供解决方案，引入项目，介绍产品。假如这个早教产品能够激发孩子的学习兴趣，那么相信很多家长都会愿意去了解这个产品。投资者也会对这个项目路演会产生浓厚的兴趣。

（2）数据展示型

问题引导可以激发听者的兴趣，而直观的数据将引起认同。例如，现在各大城市都在主张垃圾分类，垃圾分类箱如图2-2所示，人民日报是这样呼吁大家的。

垃圾分类，我们为什么这么着急？因为中国是一个垃圾生产大国，早在2004年就已经超越美国成为世界第一垃圾制造大国，全国生活垃圾年产量4亿吨左右，每年以约8%的速度递增。2018年9月，中国香港的台风灾害引发海水倒灌，把大量海洋垃圾冲入城市，垃圾堆积如山，剧毒的腐烂物和脏水渗透地下，污染水源，侵蚀身体。那些被日常丢弃的垃圾并没有消失，总有一天会以别的形式出现在大家生活中，可能是吹来的风、喝到的水、以垃圾为食的猪牛羊生产的肉类奶制品、在垃圾填埋场上种起来的有机蔬菜水果。有一个仅有400人的村庄，却在10年间有许多居民因患癌症死亡，被包括央视在内的众多媒体冠以"癌症村"的名号。焚烧垃圾时简单粗暴，但随之产生二噁英污染物是地球上最致命的有毒物质之一，排放后可远距离扩散，一旦进入人体便会长久驻留，最终致癌。据资料显示，二噁英类污染物毒性相当于砒霜的900倍，氰化钾的1000倍，而中国垃圾不分类，有毒物质最少翻一倍；每年约有800万吨塑料垃圾进入海洋，全部加起来可以绕地球420圈，超过50种鱼类被发现正在食用塑料垃圾，每年至少10亿个海洋生物因塑料制品而失去生命，而这些扔进海洋里的塑料垃圾需要400年的时间才能降解，如果我们不做出改变，对于海洋生物来说，死亡灭绝是它们唯一的结局。澳大利亚纽卡斯大学的一项新研究显示，估计全球一半以上的人类体内都能发现塑料微粒，全球人均每周"吃下"一张信用卡。"大鱼吃小鱼，小鱼吃虾米，虾米吃淤泥"，淤泥就是微生物聚集的地方，环环相扣的情况下，不光是鱼类，还有龟类、鲸类、鸟类等200多个物种，都不同程度地摄食了塑料微粒。从被人们随手丢弃，到再次回到人们肚子里，塑料沿着生物链完成了一个完美的循环。"对于我们的地球来说，最大的威胁就是相信会有别人来拯救它。"但其实谁也不能拯救我们的家园，除了我们自己，打赢这场"战争"一定是艰难且漫长的，但是我们责无旁贷。

图2-2 垃圾分类箱

这则报道只在最后呼吁大家垃圾分类,但一味喊口号谁都不以为然。当这些真实的数据展现在眼前的时候,才让人引起警示,可见数据展示的重要性。

再看一个例子:广州资源环保科技股份有限公司2016年在第一路演平台进行路演,完成了融资。

《2014年中国环境状况公报》显示:全国地表水总体轻度污染,其中黄河、淮河、海河、辽河、松花江五大水系水质污染,在全国4778个地下水监测点中,约六成水质较差和极差。2014年开展营养状态监测的61个湖泊(水库)中,贫营养的10个,中营养的36个,轻度富营养的13个,中度富营养的2个。全国202个地级以上城市开展了地下水水质监测工作,监测点为4896个,其中国家级监测点1000个。水质为优良级的监测点比例为10.8%,良好级的监测点比例为25.9%,较好级的监测点比例为1.8%,较差级的监测点比例为45.4%,极差级的监测点比例为16.1%,差极超过六成。根据《全国水资源综合规划》,在全国主要江河湖库划定的6834个水功能区中,有33%的水功能区化学需氧量或氨氮现状污染物入河量超过其纳污能力,且为其纳污能力的4到5倍,部分河流(段)甚至高达13倍。解决水资源环境问题已经迫在眉睫。

这与上面的垃圾分类的例子异曲同工,通过列举真实的数据材料,把行业状况和痛点展现给大家,让听众和投资人看到企业战略的可行性和可靠性,从而获得投资。

2.2.2 方案介绍

项目路演的方案要根据痛点来讲述,分别介绍主要特色和功能。创业者需要证明自己的方案比别人更有核心优势,要让听众和投资人看到项目在未来具有巨大的潜力。《爱丽丝梦游仙境》是一部优秀的电影,电影里有一段对话,女主角爱丽丝在面对岔路口时不知所措,就问树上的一只猫:"请你告诉我,我该走哪条路?"猫没有回答她的问题,而是问她:"你想去哪里?"女主角爱丽丝说:"去哪里都无所谓。"猫说:"那么你走哪条路,也就都无所谓了。"想射中靶心就必须有目标,同理,想锁定投资者的心,项目路演方案的目标就一定要明确。

下面来看一个秀才买柴(见图2-3)的故事。秀才出门去买柴,恰好看到一位卖柴的人路过,于是就问他:"荷薪者过来。"意思就是让卖柴的人过去,卖柴的人虽然没听懂,但听到"过来"两字,就走上前去。秀才接着问:"其价几何?"卖柴的人还是没听懂,但听到"价"字,心想秀才应该是在问价钱,就照实回答了秀才。秀才又问:"外实而内虚,烟多而焰少,请损之。"秀才本意是想讨价还价,他说的话大概意思是"你这柴外面看着是干的,里面却很湿,燃烧后肯定烟多火焰小,还是便宜点吧。"卖柴的人这一次实在是猜不出他在说什么,只好闷声离去。

图2-3 《秀才买柴》漫画

买柴的秀才和卖柴的人文化水平不同,所以无法沟通。秀才就像项目路演者,而卖柴的人就好比听众。如果项目路演者不能讲清楚方案,只能是导致项目路演失败。例如,你介绍的是一个机器人,如果和一个五岁孩子讲机器人的编程语言,他能听懂吗?但是如果讲机器人怎么玩,可以实现什么功能,就会吸引他的视线。项目路演者就是要把复杂的事情简单化,让项目路演对象一听就懂。那么怎样才能将复杂的路演简单化呢?

方案介绍不是产品介绍,不需要把产品最微小的细节展现出来。让我们看一看天使投资人徐小平关于通过做好商业推介,快速打动投资人的演讲。

徐小平在演讲中提到:"首先要简单概括,比如说,有一天来了三个人,往那一坐,'老师,我们要做的是找钢网,我们要为用钢的人找钢,我们要为炼钢的人找钢，找钢网.Com'，一个伟大的企业就诞生了，产品的名字就把所有问题说清楚了。最好的产品首先来自于一个最好的名字，如果你连这个名字都说不清楚，那你就失败了一半。或者反过来讲，如果你的名字起好了，就成功一半了，名字起好了产品就不用讲了，我做的是找钢，找塑料、找石头、找木头、找煤矿，一系列的'找'就出来了。但是我们的创业者不太懂这一点，一个好的名字对你的事业多么重要。总而言之，你要起个好名字。实在不行，你到时候把名字卖给其他人也能赚一笔钱。我再举一个精彩的例子，'厨临门'这个名字是我起的，'在家享受国宴'，这是它的介绍。否则到我家来做煎饼果子也是'厨临门'，'厨临门'提供在家享受国宴大厨的服务，痛点就是到餐馆吃饭会花很多不必要的钱。'厨临门让你不花冤枉钱，省了酒水费'这就是介绍。"

在介绍方案的时候还要把握好关键句。简单概括的同时不能缺失重点。奥巴马在2008年胜选演说中曾这样鼓励对自己生活信心不足的美国人民："前方的道路很漫长，我们将步履维艰，我们也许无法在一年内，甚至是（我的）一个任期内，达成我们的目标。但是，今晚，我比任何时候都对此更有信心，我承诺，我们所有人将作为一个整体顺利地到达目的地。"他这样说可以鼓励到当时的美国人民吗？答案当然是肯定的。所以，他的关键句"Yes, we can!"贯穿了他的演说过程，演说非常成功。

 课后演练

以团队为基础，挖掘各自的能力优势，深入探讨创业思路、交流项目想法，尝试对有想法的项目制订简单的解决方案。

要求：此阶段的重点在于有条理地介绍该创业项目能否解决、怎样解决消费市场的某个痛点。

2.3　商业模式

商业模式在创业圈、投资圈等经济领域已经成为一个屡见不鲜的名词了。投资者、创业者们谈投、融资必提商业模式。一个企业有了好的商业模式就等于成功了一半。那么，到底什么是商业模式？它包含什么要素，又有哪些常见类型呢？它到底有什么魔力让人如此"倾心"？

商业模式之于企业来说，就像CPU之于计算机。它是一个企业的"运行大脑"，是企业的核心逻辑所在。它主导着企业的产品逻辑、业务模式、盈利方式等。商业模式构建设计是否科学合理、是否能适应一定的市场规模、是否能稳定的持续运转、是否能带来资本利益转化等，直接影响投资人对项目的风险、收益的判断，影响项目路演的成功与否。

2.3.1 商业模式的概念

在项目路演的时候，项目路演者需要用一句话把项目先作一个简单的交代，这句话标准的句式就是：我是如何为谁提供什么产品服务的？这里面包括三个关键问题：

为谁提供产品/服务？为谁提供，就是我的客户对象是哪些人，他们有什么需求。

提供什么产品/服务？就是我为这些人缔造的价值，包括我的产品与服务。

如何提供产品/服务？就是我的生意是怎么做的，也就是我们所说的商业模式。

简单概括而言：商业模式就是企业通过什么途径或方式来赚钱？例如，饮料企业通过卖饮料来赚钱，如何卖饮料就是其商业模式；快递企业通过送快递来赚钱，怎样送快递就是其商业模式；通信企业通过收话费赚钱，话费是怎样收的就是其商业模式等。概括得很直白，其实各自内隐的具体业务逻辑却是包罗万象，有各自的独特性。总之，只要有赚钱的地方，只要有市场，商业模式就会应运而生。

商业模式这个名词第一次出现在20世纪50年代，但直到20世纪90年代后期，商业模式的概念才开始流行起来，并被广泛使用和传播。这是与IT和通信行业的服务价格迅速降低相联系的，这种假设建立在交易成本学说上，因为在战略单元中加工、储存和共享信息变得越来越便宜，使得企业在经营方式上有了更多选择。换言之，今天的企业在面对为谁做、做什么、如何做这三大关键问题时有了更多的选择。

虽然"商业模式"这一名词出现的频率极高，关于它的具体定义仍然没有一个权威的版本。目前相对比较科学的、认可度较高的观点有以下三个：

观点一：商业模式是一种包含了一系列要素及其关系的概念性工具，用以阐明某个特定实体的商业逻辑。它描述了企业所能为客户提供的价值，以及企业的内部结构、合作伙伴网络和关系资本（Relationship Capital）等借以实现（创造、推销和

交付）这一价值并产生可持续盈利收入的要素。○

观点二： 时至今日，商业模式的定义已经发展成："是一个企业满足用户需求的系统，这个系统组织管理企业的各种资源，包括资金、原材料、人力资源、作业方式、销售方式、信息、品牌和知识产品、企业所处的环境、创新力等。以此为基础形成能够提供用户无法自产而必须购买的产品和服务，因而具有自己能复制但别人无法复制的特性。

观点三： 商业模式是一个非常宽泛的概念，跟商业模式有关的说法很多，包括运营模式、盈利模式、B2B 模式、B2C 模式、"鼠标加水泥"模式○、广告收益模式等，不一而足。商业模式是一种多元素组成的商业逻辑，可以用商业模式画布（见图 2-4）来描述这种逻辑。这些元素包括：

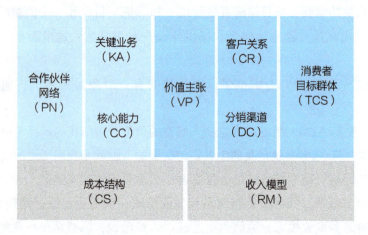

图 2-4 商业模式画布

- 合作伙伴网络（Partner Network）：即企业同其他企业之间为有效地提供价值并实现其商业化而形成合作关系网络。合作伙伴网络也描述了企业的商业联盟（Business Alliances）范围。
- 关键业务（Key Activities）：即为了确保商业模式可行，企业必须做的非常重要的事情。它包含制造产品、解决问题、平台和网络运维等。
- 核心能力（Core Capabilities）：即企业执行其商业模式所需的能力和资源。
- 价值主张（Value Propositions）：即企业通过其产品和服务能向消费者提供的

○ 引用自 MBA 智库百科词条"商业模式"。
○ "鼠标加水泥"模式指传统商业模式（主要运用直接的面对面的方式与顾客发生联系）与互联网商业模式（主要通过网站、电子邮件、FTP 以及其他互联网技术手段与顾客发生联系）的联姻。

价值。价值主张确认企业对消费者的实用意义。
- 客户关系（Customer Relationships）：即企业同其消费者群体之间所建立的联系。通常所说的客户关系管理（Customer Relationship Management）即与此相关。
- 消费者目标群体（Target Customer Segments）：即企业所瞄准的消费者群体。这些群体具有某些共性，从而使企业能够针对这些共性创造价值。定义消费者群体的过程也被称为市场划分（Market Segmentation）。
- 分销渠道（Distribution Channels）：即企业用来接触消费者的各种途径。这里阐述了企业如何开拓市场。它涉及企业的市场和分销策略。
- 成本结构（Cost Structure）：即所使用的工具和方法的货币描述。
- 收入模型（Revenue Model）：即企业通过各种收入流（Revenue Flow）来创造财富的途径。

这些元素是怎样实现逻辑自洽的呢？在商业模式画布中，价值主张是起点和核心，也就是创业者在构建商业模式时，第一步要思考的就是为客户创造价值，其中就包括为哪些客户创造价值、为客户创造哪方面的价值、怎么为客户创造价值等一系列问题。围绕着这些价值主张，去做基础运营、客户运营、财务管理等工作，如图2-5所示。

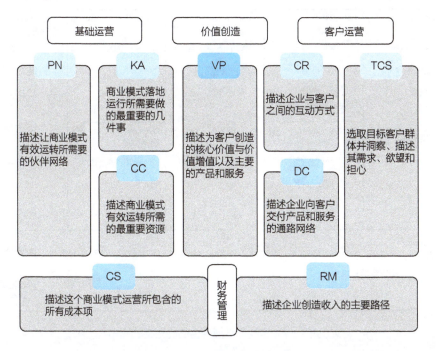

图2-5 商业模式画布的逻辑

所以，从本质上来说，商业模式就是一个价值传递的过程（见图2-6）。企业基于自身商业模式向客户传递其所需要的价值，在这一过程中获得收益，并投入下一轮的价值传递过程，而各元素在这一过程中扮演着各自的角色，发挥着各自的支持、支撑作用，这样就实现了商业模式的良性循环。

以短视频直播平台为例，它们的商业模式画布大多如图2-7所示。

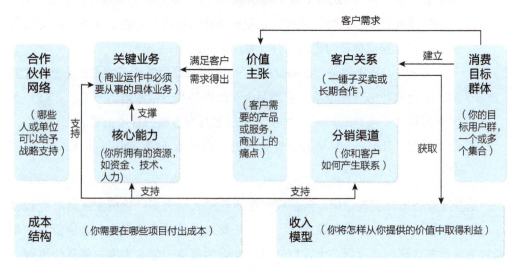

图2-6　商业模式的价值传递

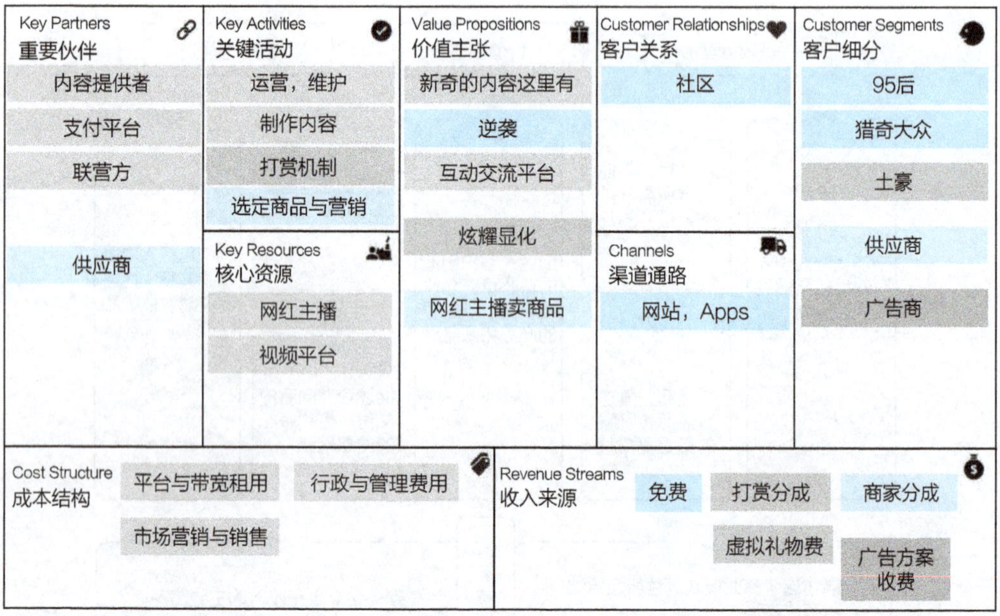

图2-7　短视频直播平台的商业模式画布

经济面貌日新月异的今天，一个团队想要创业成功、融资上市，或者一家企业想要取得长远的良性发展，仅仅选择一个有利可图的行业是不够的，还需要设计一个具有竞争力的商业模式。日益激烈的商业竞争、资本对利益的天然追逐性、商人的本质逐利性等原因，使得大规模复制成功商业模式的现象层出不穷。借用叶圣陶先生的一句话——"艺术的事情大都始于模仿，终于独创。"对商业领域来说也是如此，同样的成功商业模式，第一家即原创企业肯定是赚得盆满钵满，开始的两三家模仿者企业，可能也能分享剩余市场，取得不错利润。但是后面的模仿者可能很难取得成功，典型案例就是共享单车市场，巅峰时期上百家企业进入这片商业领域，都想分一杯羹。可是他们灭亡的速度跟兴起的速度一样快，转眼间又只剩几家。共享单车市场从最初被广泛看好的商业"蓝海"到巅峰时市场争夺激烈的"红海"，到如今的归于平静甚至被唱衰的"死海"，仅用了五六年的时间。由此可见，商业模式的创新蕴含着多么大的力量，一味模仿而缺乏创新力的企业必将走向灭亡。

这就迫使所有企业必须不断地进行商业模式创新，在自己的商业模式被复制前重新审视并再次创新，从而获得持续的竞争优势。经营一家企业，必须深入了解企业的商业模式和商业模式的不同构成要素之间的关系，才能更好地展开创新行动，驱动企业不断前进。这其中的要素至少包括三种：发展状况、未来计划和获利方式。

对于投资方而言，他们对商业模式非常看重，一旦出现一个新型的且被市场验证过取得一定成就的商业模式，投资方对其的信任度会大大提升，投资概率将直线上升。对于创业者或者需要融资者而言，他们就是要在项目路演的过程中，在投资人的认知意识中建立这种对己方商业模式的信任感。具体可从以下三个方面出发进行商业模式的阐述。

1. 发展状况

广义上的发展是指事物从出生开始的一个进步变化的过程，是事物的不断更新，是指一种连续不断的变化过程，既有量的变化，又有质的变化。发展分三个阶段：初级阶段、渐变发展阶段、质变或部分质变阶段。㊀对于各行各业来说也是如此，从初创阶段到发展阶段再到巅峰阶段，每一阶段都有大量的企业"死去"，最终能活下去的成了行业标杆，成为众人仰慕和学习的大企业。要向投资人证明本企业的当前的良好发展态势，以及未来的巨大发展潜力。

（1）创业者要明确意识到自己产品项目所处行业的发展背景

1）行业背景。所谓知己知彼，百战百胜，多通过调研了解市场规模，分析同行产品项目，了解其市场份额、优势、劣势。做到心中有数，扬长避短。在项目路

㊀ 引用自百度百科词条"发展"。

演时，必要时可以通过对比的方式体现出自己产品项目对同行的优势所在。还要展示的是创业者在适应市场和获得市场份额上的信心，同时展示当前的客户满意度和忠诚度。需要考虑下列这些问题：

- 市场定位是什么？
- 如何防止竞争对手夺走市场份额？
- 核心竞争力在哪儿，为什么别人都没做就你做了，为什么别人都没做成就你做成了，为什么别人都会被你超越？

2）政策背景。所谓"背靠大树好乘凉"，符合国家政策的商业行为、产品项目更能得到市场的广泛认可，被大众认为是大势所趋的商业领域才称得上是"蓝海"，投资者对有着巨大发展潜力的"蓝海"行业是格外青睐的。

例如，近年来爆火的青少年编程教育（见图2-8），正是国家政策大力推动的结果。2015年9月，教育部《关于"十三五"期间全面深入推进教育信息化工作的指导意见（征求意见稿）》中提出，探索STEAM教育等新教育模式。浙江、山东地区率先将把信息技术作为高考选考科目。2017年国务院印发《新一代人工智能发展规划》，强调"实施全民智能教育项目，在中小学阶段设置人工智能相关课题，逐步推广编程教育，鼓励社会力量参与编程教学软件、游戏的开发和推广。"在这种政策背景下，少儿编程教育市场被各方资本看好，迎来了爆发期。

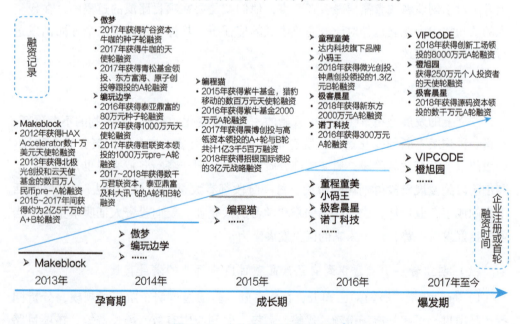

图2-8　少儿编程行业发展历程⊖

⊖　图片摘自艾瑞咨询《2018年中国少儿编程行业研究报告》。

（2）创业者要阐述企业的战略定位

战略定位就是创业者对企业未来发展大方向的判断，表现为决策者对企业业务扩张方式、发展路线的取舍。它是在对企业所处的外部竞争环境进行正确评估、对自身的资源配置及核心能力进行客观判断的基础上提出的。如何阐述战略定位？

1）把战略定位提升到产业高度。美国西南航空因其卓越而成为战略研究的经典案例，甚至是战略成功的代名词。20世纪70~80年代是美国航空业最不景气的时候，整个美国航空业亏损，唯独西南航空能在这种艰难的环境下生存并赢利，这主要得利于企业的战略定位。

从营销定位理论来剖析，西南航空的成功迎合了对价格敏感、并不刻意追求享受的客户需求。从产品定位理论来解读，西南航空采用单一机型，提供点对点的直达航班服务。

为什么西南航空，且唯有西南航空能推行上述模式呢？西南航空公司创始人兼CEO凯勒尔公开声称："我们不再与航空公司竞争，我们的新对手是公路交通，我们要把高速公路上的客流搬到天上来。"这就是说，西南航空对所处行业的理解及定义与众不同——航空运输不过是一种大众化的客运服务业。

说到底，竞争对手之所以无法标杆西南航空，关键在于内心深处不理解、不承认航空业的大众属性，不屑于走下云端为普罗大众的内在需求服务。自然，他们就无法像普通客运业一样来配置资源及运营管理，并构筑相应的商业模式，最终难以破解其低成本与高盈利并举的秘诀。

2）向投资者表达自身战略定位具有与时俱进的特质。由于主客观情况的变化，企业的战略定位方向不能墨守成规。作为传统化学胶片产业的鼻祖和霸主，美国柯达公司实际上还是数码相机的发明者，由于满足于传统胶片产品的垄断地位，没有及时调整战略重心，百年柯达终于在数码时代被淘汰。

3）向投资者明确自身战略的心智定位。心智定位就是在客户大脑中寻找对自己最有利的位置。战略是否成功，归根结底在于客户对你的品牌具有何种认知。因此，战略实际上也分为两种：心智的战略和非心智的战略。"得人心者得天下"，建立在心智基础上的战略成功率必然增大。相反，如果战略脱离了顾客心智这个基础，往往劳而无功。

例如，TCL在2003年提出"龙虎计划"，意图在未来3~5年内，在彩电、手机、空调、冰箱、洗衣机等业务上都成为国际、国内的"龙头虎王"。然而，在消费者的认知里，TCL是一个电视品牌，从长远来看，挂TCL名字的产品，除彩电外都不会好卖。按其原计划，2005年销售收入要实现500亿元，2010年达到1500亿元。事实是，2007年TCL集团的营业收入为390亿元，并逐渐失去了在我国彩电业的主导地位。

（3）创业者要阐述企业的企业发展力

企业发展力是指企业在生产经营和社会实践活动中所获得的持续创造经济价值、社会价值和实现以人为中心的全面发展的能力。它是企业这个微观环境中生产力与生产关系、经济基础与上层建筑矛盾运动的产物，是企业中以人为中心的有利于企业进步和发展的所有要素的总和，是企业综合素质的集中反映[①]。

而要分析企业的发展能力，主要从这几个方面入手：增长趋势、用户数量、用户黏着度、当前业绩等。

要用数据说话，用优秀的运营指标数据打动投资方，可以重点阐述以下八项指标：营业收入增长率、资本保值增值率、资本积累率、总资产增长率、营业利润增长率、技术投入比率、营业收入三年平均增长率和资本三年平均增长率。

2. 未来计划

商业计划包含着无数需要创业者考虑的细节。创业者在进行项目路演时要给投资者一份供参考的商业计划书。

很多实力雄厚的投资机构每天收到几千余份商业计划书，最终能得到他们青睐的却是少数。投资人不可能在短时间内处理完海量申请，在没有熟人事先引荐的情况下，你的计划书其实很难进入他们的考虑范围，并且还存在一个现实的悖论，投资者通常不会投资给没有经验的人，但未获得过投资，你就很难获得相关的经验。若是你的问题症结出现在这里，就应该带着计划书去找天使投资人或熟人。

当然投资人并非嗜血的野兽或唯利是图的坏人，他们只是忠于职守的专业管理者而已。他们所期待的商业计划书至少包括表 2-1 中的这些要素。

表 2-1　商业计划书的要素

要素	具体说明
产品形态与优势	投资者需要对融资企业进行基本了解，产品形态与优势是前提。实体产品的发展前景往往比服务型产品容易预测得多，这也是投资人对服务业的兴趣相对匮乏的原因
合理估值	估值可以从你的计划融资额除以用于交换的股份比例中得以体现。估值要合理，要让投资人相信你的项目值这么多钱。过于离谱的估值只会让投资人觉得你不切实际而被吓跑

---

① 引用自 MBA 智库百科。

(续)

要素	具体说明
投资协议清晰	向律师等专业人士咨询意见。例如，本次投资交易是否具有合法性，用多少股份交换多少资金最为合理，以及日后融资中预计会出现的股权稀释情况等。在专业人士的帮助下，拟定合适的投资协议
资金需求	对企业来说，融资额当然越多越好，但必须在商业计划书中体现出你对资金需求有过认真的研究和规划，并证明你确实需要这么多钱
升值空间	要让投资者看到你的项目有升值空间，商业模式有巨大潜力。例如，无论现在企业的价值是多少，但企业将有可能在5年之内将价值提高几十倍甚至上百倍
有领投者	最好拿出有其他投资人准备投资的商业计划。大多数情况下，投资的人越多，其他投资人的安全感也会更高
退出机制	要让投资人看到你已经提前做好了充分的后续安排，让投资者相信在投资中后期可以拿回自己的钱并获得经济回报
财务计划	需要创业者根据审慎思考的业务拓展计划，制订具体的资金分配方案，需要充分体现创业者的战略规划能力，同时也需要体现创业者花钱的能力
融资用途	第一，本轮融资金额是多少。第二，本轮融资的具体用途，最好能够细化到具体项目。在假设融资到位的情况下，企业未来3~5年的发展规划，以直观的形式说明企业在各阶段的目标市场、拓展区域、商业模式、战略计划等
战略规划	1）短期规划，一两年的；中长期规划：五年规划；长期规划，一般是十年的； 2）工作计划内容（如何做？为何做？）； 3）工作落实方案和具体可行性分析； 4）计划中的关键点； 5）风险分析和保障措施； 6）计划进度安排和人员安排（何时做？何人做？）

当然，商业计划书也分为三种形式：

- 详尽版计划书：至少应该包括表2-1中的元素，主要是在创业者与投资者能够进行较长时间的沟通时，提供给投资者的参考材料，供投资者仔细了解该项目。
- 阅读版PPT：将上述详细的商业计划内容以PPT形式呈现，方便创业者向投资者讲解自己的项目。
- 路演版PPT：在项目路演时、创业比赛时或其他有时间要求而不能太过详细地讲解自己的商业计划时，就需要制作相对简略但浓缩精华的PPT。

3. 获利方式

获利方式是商业模式中的核心内容，是表明在这套商业模式的逻辑链条中，企业是怎样保证赢利的，这种赢利是否是持续稳定的，这种赢利的风险系数是否过高，获利方式是否正当正确，能否让己方资本得到更大的增益？这些是投资者重点关心的内容。

获利模式（见图2-9）是企业在市场竞争中逐步形成的企业特有的赖以赢利的商务结构及其对应的业务结构。企业的商务结构主要指企业外部所选择的交易对象、交易内容、交易规模、交易方式、交易渠道、交易环境、交易对手等商务内容及其时空结构。企业的业务结构主要指满足商务结构需要的企业内部从事的包括科研、采购、生产、储运、营销等业务内容及其时空结构。业务结构反映的是企业内部资源配置情况，体现了企业资源配置的效率。商务结构反映的是企业内部资源整合的对象及其目的，体现了企业资源配置的效益。

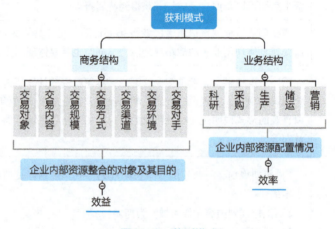

图2-9 获利模式

创业者应该向投资者阐述如何将项目产品转化为商业价值，形成现金流，获取利润的模式。分析项目的获利方式（其中可分析技术的先进性对获利方式的贡献程度等）是否是最佳的，是否具有持久性。

2.3.2 商业模式的类型

虽然不同行业的商业模式形态各异，各有其巧妙独特性，但大体上都会属于某一个类别。

1. 根据盈利模式分类

（1）平台商业模式：多主体共享，多主体共赢

现在项目路演越来越多，我们所见到的创业项目和创业者也越来越多。这些项目路演者提及最多的一个词就是"平台商业模式"。那么到底什么是平台商业模式呢？

平台商业模式画布如图2-10所示，这种商业模式是构建多主体共享的商业生态系统，并且能产生网络效应，实现多主体共赢的一种战略。首先，平台是一种显示或虚拟空间，其作用是促成双方或多方用户之间的交易。平台的存在是广泛的，它们在现代经济系统中具有越来越重要的位置，成为引领新经济时代的重要经济体。平台商业模式发展到今天，各个垂直领域都出现了平台型的服务。

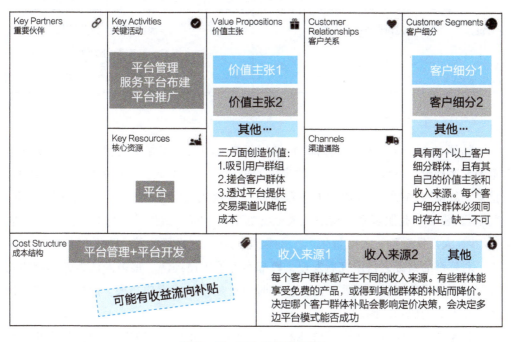

图2-10 平台商业模式画布

例如，腾讯的社区开放平台和微信开放平台、新浪的微博开放平台、阿里巴巴的电子商务平台，还有应用商店的App Store、安卓应用市场，诸如此类，不胜枚举。

（2）长尾商业模式："样多量少"的经济规模

长尾商业模式画布如图2-11所示，这种商业模式的核心是样多量少，关注的是为市场提供大量产品，每种产品相对而言卖得都少。产品销售总额可以与用少量

畅销产品产生绝大多数销售额的传统模式相媲美。长尾模式需要低库存成本和强大的平台，同时还要使得利基[⊖]产品对于兴趣用户来说相对容易获得。

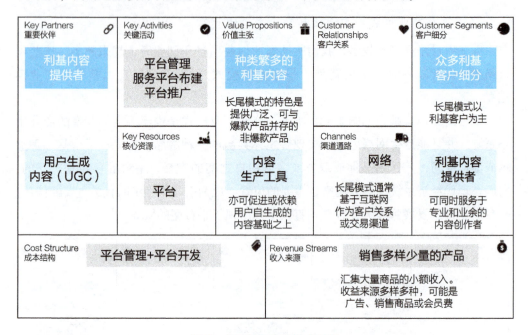

图 2-11　长尾商业模式画布

韩都衣舍（以下简称"韩都"）是近年来成功的潮流服装品牌，它的成功正是基于长尾理论。与传统衬衣业"款少、量多"的模式不同，韩都的特点是"快速、量少、款多"，它每年推出上万款服装，并且款式与时尚同步。在之前的概念中，"款少、量多"是服装企业实现规模经济的不二法门，所以传统服装企业大多采取"款少、大批量采购、大批量生产"的策略，以实现规模经济，降低货物的平均成本。对韩都的财务进行研究后发现，韩都实现了规模经济。很多人认为韩都成功的关键要素是快速时尚，其实不然，快速时尚只是韩都的成功之果，量少、款多、长尾才是韩都的成功之因。

长尾理论的作者、美国《连线》杂志总编辑克里斯·安德森认为，商业的未来在于"品类更多，销量更小"。因为在这个个性张扬的时代，没有人喜欢与别人撞衫，人们都想表现出自己的与众不同。因此，未来商业的成功模式不再是把少数几

⊖ 利基（niche）是指针对企业的优势细分出来的市场，这个市场不大，而且没有得到令人满意的服务。产品推进这个市场，有赢利的基础。在这里特指，针对性、专业性很强的产品。按照被誉为"现代营销之父"的美国经济学家菲利普·科特勒在《营销管理》中给利基下的定义：利基是更窄地确定某些群体，这是一个小市场并且它的需要没有被服务好，或者说"有获取利益的基础"。

种商品卖出很大的量,而是要把更多品种的商品卖出去,这同样可以实现经济上的规模效应。

(3) 免费商业模式:先抢用户再赢利

所谓免费商业模式,是指商家借助免费手段销售产品或服务,建立庞大的销售群体,塑造品牌形象,再通过配套的增值服务、广告费等方式获得收益的一种新商业模式。免费商业模式画布如图 2 – 12 所示,这种商业模式本身的成本很低,而"免费"的金字招牌对用户有无穷的吸引力,能在最短的时间内让企业迅速占领市场,扩大知名度。因为免费商业模式的这个特质,现在大多数企业和商家都将免费模式作为自己商业模式的核心,其目的就是占领更多的市场。

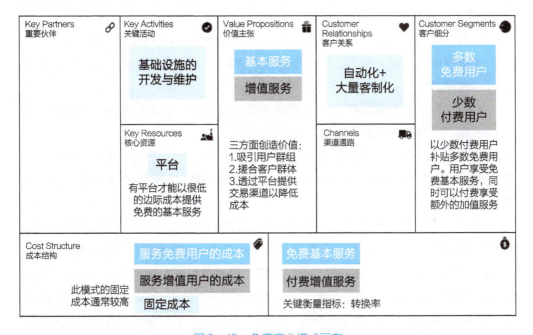

图 2 – 12 免费商业模式画布

百度搜索是免费的,但当我们向其传达出所寻找商品的线索后,百度就把我们的注意力"卖"给相应的广告商;用 QQ、微信聊天也是免费的,当用的人越来越多,形成一个彼此分不开的黏性社区之后,用户们就不仅在这里聊天,还在这里玩游戏、看新闻、下载电影、购物等。

2. 根据性质分类

(1) 运营性商业模式

运营性商业模式重点解决企业与环境的互动关系,包括与产业价值链环节的互动关系。运营性商业模式创造企业的核心优势、能力、关系和知识，主要包含以下两个方面的主要内容。

产业价值链定位：企业处于什么样的产业链条中，在这个链条中处于何种地位，企业结合自身的资源条件和发展战略应如何定位。

赢利模式设计（收入来源、收入分配）：企业从哪里获得收入，获得收入的形式有哪几种，这些收入以何种形式和比例在产业链中分配，企业是否对这种分配有话语权。

（2）策略性商业模式

策略性商业模式对运营性商业模式加以扩展和利用。应该说策略性商业模式涉及企业生产经营的方方面面。

- 业务模式：企业向客户提供什么样的价值和利益，包括品牌、产品等。
- 渠道模式：企业如何向客户传递业务和价值，包括渠道倍增、渠道集中/压缩等。
- 组织模式：企业如何建立先进的管理控制模型，如建立面向客户的组织结构，通过企业信息系统构建数字化组织等。

e袋洗是由有20余年洗衣历程的荣昌转型而来的C2C[一]品牌，采取众包业务模式，以社区为单位进行线下物流团队建设，即在每个社区招聘本社区中40~60个人员作为物流取送人员。

e袋洗是第一个以洗衣为切入点进入整个家政领域的平台。e袋洗的顾客主要是80后，洗衣按袋计费：99元按袋洗，装多少洗多少。e袋洗致力于将幸福感作为商业模式的核心和主导，推出了新品小e管家，通过邻里互助去解决用户需求，满足居民幸福感。小e管家在小e管洗、小e管饭的基础上，计划推出小e管接送小孩、小e管养老等服务，以单品带动平台，从垂直生活服务平台转向社区生活共享服务平台，以保证C2C两端供给充足。

这种新的商业运营方式，集合社会上已有的线下资源，通过移动互联网实现标准化、品质化转变，帮助人们在生活中获得更便利、个性化的服务。

e袋洗创新了洗衣行业的商业模式，这种C2C策略性的商业模式在搭建成熟的共享经济平台后，不断延伸出更多的家庭服务生态链，打造一种邻里互动服务的共享经济生态圈。

商业模式成功的3个特征如图2-13所示。

[一] C2C即Consumer To Consumer，是个人与个人之间的商业模式。

图 2-13 成功商业模式的 3 个特征

1）成功的商业模式提供的价值是独特的。

这个独特价值在一定的情况下可以是新思维，但更多的时候它是产品和服务独特性的组合。这种组合一是可以向用户提供额外的价值，二是使得用户能够用更低的价值获得同样的利益，或者用同样的价格获得更多的利益。但要注意的是，提供的产品和服务要具有广阔的市场前景，而不是某种看起来很独特，但真正潜在市场却很小的"特殊产品"。

2）商业模式是难以复制的。

企业通过确立自己的独特性，如对用户的悉心照顾、无与伦比的实施能力来提高行业的进入门槛，从而保证企业的利润来源不受到更多竞争者的侵害。例如，直销模式是每个人都知道如何运作的，人们也知道雅芳是洗护用品直销的代表，但很难复制雅芳的模式，原因就是在雅芳直销的背后，有一套完整的、极难复制的资源和生产流程。或者企业有自我保护机制——这些壁垒包括且不限于专利、技术、品牌、排他性的销售渠道协议、商业秘密以及先行者的优势等。

3）成功的商业模式是实事求是的。

量入为出、收支平衡是企业成功运作的前提条件。企业在运作自己的商业模式时要实事求是，对自己有清醒的认识，不能好高骛远。这个看似不言而喻的道理，实际上做到的企业少之又少。企业要对自身的赢利渠道、产品吸引点、有多少用户以及这些用户是否能为企业带来利润等问题有充分的认知。

创业者可从以下九个方面阐述商业模式是否可行：

1）价值定位：企业要填补的需求是什么，或者说要解决什么样的问题。价值定位必须清楚地定位目标用户、用户的问题和痛点、独特的解决方案，以及从用户的角度来看这个解决方案的净效益。

2）目标市场：企业打算通过营销来吸引的用户群，并向他们出售产品和服务。这个细分市场应该有大概的人数统计以及具体的购买产品方式的统计。

3）销售和营销：如何与用户接触？口头演讲和病毒式营销是目前流行的方式，但是远远不够用来启动新业务。企业在销售渠道和销售提案上要做得具体一点。

4）生产：企业要用什么方式将产品和服务做好？这里的关键问题是进入市场的

时间和成本。

5）分销：企业要用什么方式销售产品和服务？如网上销售、多层次的分销商、合作伙伴以及增值零售商，这些都是销售的方式。企业需要注意的是要规划好自己的产品，是只在当地销售还是在全球范围内销售。

6）收入模式：企业是怎么赢利的？在项目路演时一定要向投资人解释清楚企业是如何定价的，收入现金是否会满足企业的所有支出，其中包括了日常开支和售后支持费用，然后还有很好的回报。

7）竞争：企业要面临多少竞争者？没有竞争者很可能就代表没有市场，但竞争者太多代表市场已经饱和。

8）成本结构：企业的成本有哪些？多数的新兴企业只关注直接成本，却低估了营销和销售成本、日常开支和售后成本。在计算成本时可以把预估的成本与同类企业发布出来的报告进行对比。

9）市场大小、增长情况和份额：企业产品的市场有多大？是在持续增长还是逐步缩小？能获得多少份额？投资人一般要求项目所处市场平均每年有两位数的增长率，而且，在这个市场上，创业者的企业要有10%以上市场占有量的计划。

2.3.3　商业模式的核心原则

在设计商业模式时，需要遵循表2-2中的核心原则。

表2-2　商业模式的核心原则

核心原则	具体内容
客户价值最大化原则	一个不能满足客户价值的商业模式，即使赢利也一定是暂时的、偶然的，是不具有持续性的；反之，一个能使客户价值最大化的商业模式，即使暂时不赢利，但终究也会走向赢利。所以要把实现客户价值最大化当作企业应该始终追求的主观目标
持续赢利原则	企业能否持续赢利是判断其商业模式是否成功的外在标准。持续赢利是指既要"赢利"，又要能有发展后劲，具有可持续性，而不是一时的偶然赢利
创新原则	成功的商业模式不一定是在技术上的突破，而是对某一个环节的改造，或是对原有模式的重组、创新，乃至对整个游戏规则的颠覆
资源整合原则	整合就是要优化资源配置，就是要有进有退、有取有舍，就是要获得整体的最优

(续)

核心原则	具体内容
组织管理高效率原则	一个企业要想高效率地运行，首先是企业的愿景、使命和核心价值观，这是企业生存、成长的动力。其次是要有一套科学的、实用的运营和管理系统，解决的是系统协同、计划、组织和约束问题。最后还要有科学的奖励激励方案，解决的是如何让员工分享企业的成长果实的问题，也就是向心力的问题
风险控制原则	这个风险指的是系统外的风险，如政策、法律和行业风险，也指的是系统内的风险，如产品和资金的变化、人员的变更等
融资有效性原则	资金已经成为所有企业发展中绕不开的障碍和很难突破的瓶颈。谁能解决资金问题，谁就赢得了企业发展的先机，也就掌握了市场的主动权

 课后演练

通过前面的学习可以知道，一份完善的商业计划书是打动投资者的敲门砖。希望同学们根据所学内容，在团队内部展开深入讨论，进行头脑风暴，结合自身项目特点，充分利用网络资源查找资料，合作制作出一份相对完整的商业计划书。

要求：展开社会交际，寻找沟通渠道。寻找老师、专业人士，甚至是真正的投资者，请他们给你的商业计划书把脉问诊，收集好意见再进一步修改完善商业计划书。

2.4 推广策略

创业者需要通过各种渠道（如传统的四大媒体：报刊、广播、电视、网络，以及线下实体广告渠道、新媒体渠道等）把自己的产品创意项目、企业服务、研发技术、品牌文化、品牌故事等通过广告让更多的人（消费者、投资者）和组织机构等了解、接受，从而达到宣传、普及的目的。打造品牌形象，营造品牌效应，不仅能帮助自己获得更多客户，还能在今后的项目路演过程中取得投资者的信任。

2.4.1 目标群体

随着我国经济市场化程度的不断加深及买方需求的多样化趋势，构成产业链的元素进一步分裂，为满足消费者日益细化的需求而衍生出许多细分行业，使单元产业的价值链条愈见加长，"通吃"产业链的产品已经成为过去，针对部分消费者（目标客户群体）的细分需求制订产品定位方可打造企业的核心竞争力。

在市场细分程度越来越加深的情况下，要求企业在开始推广之前，就要做好市场定位，确定好目标群体。因为之后的推广策略、渠道选择、营销诉求等都要围绕目标群体进行。通过市场定位，明确产品定位、品牌定位、竞争定位，明确目标客户群体，选择最适合的推广渠道组合。客户的需求和期望不是一成不变的，它呈现出多元化、动态性的特点，因此，企业要对客户需求和期望的漂移方向保持高度的警觉，透析他们在购买产品和服务时希望获得的理想结果，以及哪些因素能够增进客户满意度进而驱动其购买行为，最终实现客户忠诚的因素。企业可以通过客户数据库对客户数据进行分析，找出影响客户购买决策的关键驱动因素，并确定客户的需求和价值的优先顺序，努力描绘目标客户的偏好取向图，提供客户符合其价值主张的产品或服务。

企业在制订推广方案的时候所面临的首要问题就是把产品卖给"谁"？也就是确定目标客户群体的问题。市场之大，消费者何其众也，国内尚且如此，更何况国际市场。企业在确定目标客户群体的时候，首先要针对所有的客户进行初步判别和确认。在初步确定目标客户群体时，必须关注于企业的战略目标，它包括两个方面的内容，一方面是寻找具有共同需求和偏好的消费群体，另一方面是寻找能帮助企业获得期望达到的销售收入和利益的群体。通过分析居民可支配收入水平、年龄分布、地域分布、购买类似产品的支出统计，可以将所有消费者进行初步细分，筛选掉因经济能力、地域限制、消费习惯等原因不可能为企业创造销售收入的消费者，保留可能形成购买的消费群体，并对可能形成购买的消费群体进行某种一维分解，可以依据年龄层次，也可以依据购买力水平，也可以依据有理可循的消费习惯进行分解。由于分析方法更趋于定性分析，经过筛选保留下来的消费群体的边界可能是模糊的，需要进一步的细化与探索。

定义了目标客户群体，企业下一个目标就是明确向该目标客户群体提供怎样的产品价值，为此，企业需要从多个角度了解消费者对产品的不同需求：

1）将不同变量中的数据结合在一起：地理分析的、人口统计的、心理研究的、行为研究的和需求研究的数据，带来有意义和可操作的目标客户群体需求定义轮廓。

2）有技巧地进行消费者的调查研究：问卷、座谈、家庭访问、组织训练营，以了解消费者每一天的生活。

3）了解除了功能利益之外消费者还需要的产品体验：未满足的个性需求或者未被重视的心理优越感等。

为了通过目标客户群体为企业带来更好的效益，企业需要从消费者的行为、态度、信仰、购买动力等各个方面来了解他们的真正需求：

1）定量分析：对市场中的消费者行为的基本概括，如产品测试、包装测试、广告文案测试等。

2）基础性的消费者研究：主动对一个品类或者产品中消费者基本行为进行了解，如业务分类研究，品牌资产调查，习惯和经验研究等。

3）经验性的消费者研究：是对消费者的深入研究，将定性和定量研究与消费者的生活联系起来进行分析。

2.4.2 价值挖掘

创业者要尽量充分地挖掘自身企业及项目的价值。企业价值是企业价值资产的市场评价。企业价值不同于利润，利润是企业全部资产的市场价值中所创造价值中的一部分，企业价值也不是指企业账面资产的总价值，由于企业商誉的存在，通常企业的实际市场价值远远超过账面资产的价值。

"现代管理学之父"彼得·德鲁克（见图2-14）认为，企业存在的价值，是创造绩效，是成长员工，是担负社会责任。企业要能创造绩效，才能保证企业健康发展，才能谈论给予员工成长的平台和机会，才能承担社会责任。

图2-14 彼得·德鲁克

1. 挖掘哪方面的价值

企业价值挖掘主要包含五方面的价值,如图 2-15 所示。

图 2-15　企业价值挖掘

1)挖掘客户价值:解决问题、弥补痛点、提升使用体验。

2)挖掘公司价值:赚取利润——为企业和资本创造价值让企业和资本有信心,加大对你的投入。

- 项目/产品是否能直接产生利润;
- 项目/产品是否能带来高营收;
- 项目/产品是否能帮助别的产品大幅度提供营收;
- 项目/产品是否能带来巨大的免费(廉价)流量。

3)挖掘投资价值:项目/产品是否能给投资者带来直接或间接的利益;是否能带来其他方面的资源,如人脉、圈子等。

4)挖掘员工价值:项目/产品是否能给员工带来经济利益;是否能激励员工做出最大产出,从而为企业贡献更大价值,为投资方贡献更大价值。

5)挖掘社会价值:项目/产品是否符合国家政策趋势;是否能带来公益、环保、慈善、教育、文化等方面的价值;是否能打造品牌情怀。

这五方面的价值构成一个互相融合、互相促进的企业价值挖掘的闭环。

2. 怎样挖掘价值

本书着重介绍当前最热门的商业价值挖掘方法——大数据技术。

大数据,或称巨量资料,指的是在合理时间内通过撷取、管理、处理等方式整理成帮助企业经营决策更积极的目的资讯。其特点可以归纳为 4 个 "V" ——Volume(大量)、Variety(多样)、Velocity(高速)、Value(价值)。数据的积累非常重要，因为内容是决策的依据，大量数据能够帮助企业洞悉市场局势、客户偏好等，有助于充分挖掘潜在价值。

人们对大数据的理解和运用分为四个层面：第一，数据体量巨大；第二，数据类型繁多，包括网络日志、视频、图片、地理位置信息等；第三，处理速度快，可从各类型数据中快速获得高价值信息，这一点也是和传统的数据挖掘技术有着本质的不同；第四，只要合理利用数据并对其进行准确的分析，都会带来很高的价值回报。

以淘宝为例，每天有数以万计的交易在淘宝上进行，与此同时，相应的交易时间、商品价格、购买数量会被记录。更重要的是，这些信息可以与买方和卖方的年龄、性别、地址甚至兴趣爱好等个人特征信息相匹配。运用匹配的数据，淘宝可以提供更优化的店铺排名和用户推荐；商家可以根据以往的销售信息和淘宝指数进行生产、库存决策，赚更多的钱；而与此同时，更多的消费者也能以更优惠的价格买到心仪的产品。

大数据主要能在以下四个方面挖掘商业价值：通过庞大的数据，能够将客户的喜好、习惯等数据应用于主动服务，提升客户忠诚度；细分顾客群体并记录其消费行为，为商家提供决策依据；增强客户价值，发掘新的需求和提高投入的回报率；优化企业管理和产业链条的回报率。

面对庞大的数据，需要进行剥离、整理、归类、建模、分析等操作，之后开始建立数据分析的维度。通过对不同维度的数据进行分析，能够得到以下几项数据和信息支撑：

- 项目立项前的市场数据分析为决策提供支撑；
- 目标用户群体趋势分析为产品提供支撑；
- 通过对运营数据的挖掘和分析为企业提供运营数据支撑；
- 通过对用户行为数据进行分析，为用户提供生活信息服务数据支撑和消费指导数据支撑。

2.4.3 推广渠道

对创业者来说，想要塑造品牌，形成品牌效应，推广渠道是需要科学决策的。应选择适合自身行业，能够发挥自身优势，打造良好的品牌形象，让更多受众（包括消费者、投资者）认可的推广渠道。

推广渠道如图 2-16 所示，大体分为三类：付费渠道、自媒体渠道和口碑渠道。付费渠道又分为：线上广告、媒体广告、户外广告、社会化广告、APP 广告及 BD 联盟。自媒体又分为：官方渠道、论坛渠道及社群渠道。口碑渠道又分为：名人渠道、媒体渠道及粉丝渠道。

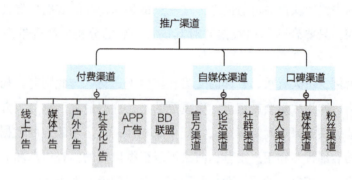

图 2-16 推广渠道分类

1. 付费推广渠道

付费推广渠道有六种：线上广告、媒体广告、户外广告、社会化广告、APP 广告及 BD 联盟。每种付费渠道的具体说明见表 2-3。

表 2-3 付费推广渠道分类

大类	小类	具体说明
线上广告	搜索渠道：以百度为例，其他类推。百度品专、百度搜索资源平台、百度营销、百度网盟等	带来的流量极大，关键词竞价操作难度极大，需要专业的团队
	联盟广告：百度联盟、搜狗联盟、360 联盟等	流量大，价格便宜，效果一般
	导航广告：hao123、360 导航、搜狗网址导航、2345 导航、UC 导航等	流量大，导航效果不错，但优势位置价格较贵
	超级广告平台：腾讯广告、新浪扶翼、今日头条、网易有道等	流量大，尤其是腾讯广告，效果中等
	T 类展示广告：腾讯网、新浪微博、网易、凤凰网等	流量大，价格贵，效果看具体情况

（续）

大类	小类	具体说明
媒体广告	电视广告：央视、卫视，可以是硬广、访谈、独家赞助或公益植入	根据类型不同，有一定的品牌背书和美誉度塑造效果，价格越贵，流量越大
	报纸广告：人民日报、南方周末、南方都市报	能覆盖到主流人群，有一定的品牌效益
	杂志广告：汽车、财经、旅游杂志	同报纸广告
	电台广告：城市FM、音乐FM	流量一般
户外广告	分众广告：分众传媒、巴士在线	推广行业巨头，曝光度强
	地铁广告：品牌列车、品牌冠名直达号、各类展示位	曝光度强，有些地方地铁内有液晶屏，展示效果极好
	公交广告：公交车身广告、公交站牌	曝光度不错
	其他：火车站、飞机场、电影院、高速路牌、广场液晶屏	具备极强的曝光度，且有很好的曝光效果
社会化广告	微信：公众号、朋友圈广告投放、微信深度合作、小程序	继朋友圈、公众号、小程序之后，微信其他功能也会陆续尝试广告合作
	微博：微博大V、粉丝通、话题排行榜	创意很重要
	社群：各类社群组织	不好把控
APP广告	应用市场：360、百度、小米、华为、应用宝、VIVO、OPPO、金立、联想、三星等	推广APP的重要渠道
	联盟广告：积分墙、返利联盟、移动广告平台	ASO必备，不精准，效果不好
	预装：手机厂商、分销厂商、芯片厂商等	量大
	超级APP：美团、今日头条、抖音等	流量大
BD联盟	协会联盟：各类协会	与官方建立良好合作关系
	校园联盟：学生会、各类协会	地面推广必用
	媒体联盟、社群联盟等	—
	同业联盟、异业联盟等	—

2. 自媒体推广渠道

自媒体能够输出有价值的内容，提高企业的美誉度。自媒体推广渠道主要有三类：官方渠道、论坛渠道和社群渠道。

（1）官方渠道

1）作用：①冷启动[一]；②内容营销，从多个角度，通过视频、图片、文字来阐述企业理念、产品特点和链接用户；③市场传播，利用微信、微博等官方通道保持企业在市场上的声音，并策划各类事件，制造爆点。

2）具体做法：①站内：自身网站与APP广告位、短信通道、站内信、弹窗等，官方内部通道也是很好的推广位，要合理利用；②SEO[二]：官网排名、百科、知道、贴吧、新闻源，这部分非常适合冷启动，如果有能力，可以组建专业团队，做站群排名、新闻源排名、企业知道、贴吧，前期耕耘，后期收获。关键点：懂搜索体系规则；③官方媒体：服务号、订阅号、微博官号、官方博客、官方社区。服务号当作产品做，抓用户的产品需求；订阅号当作传播来做，抓用户的信息需求。微信和微博可以做矩阵；社区难度极大，但做成了效果很好；④新闻自媒体：虎嗅、36Kr、百度百家、今日头条号、搜狐、网易、腾讯、新浪自媒体，这是冷启动必做；⑤视频自媒体：优酷、土豆、爱奇艺、搜狐、新浪视频，这是冷启动必做；⑥其他：如客服、销售、门店、代理商等。合理整合官方内部资源非常关键。一个销售人员，拜访了100个用户，最后没成交，却对企业产生了实质性的宣传效益。现在利用线下资源，可以有效获取APP下载量和真实用户效果。门店的宣传效果也可以整合进来。

（2）论坛渠道

1）作用：软营销。很多初创公司通过专业论坛为客户提供专业性技术支持，在支持过程中提供自有产品的宣传。

2）具体做法：①直接在主帖里植入广告，但这种主帖植入的广告不能太明显，要尽量做成软帖；②帖子只分享干货，在评论中用小号引导，进行广告植入并引流，但评论位置取决于点赞数量，评论的位置会影响引流效果。

[一] "冷启动"，商业领域的冷启动是指积累第一批种子用户的过程，在产品没有打磨得非常良好的情况下，并不适合进行付费大面积推广，这之前非常困难的那部分工作就是冷启动过程。

[二] SEO（Search Engine Optimization），即搜索引擎优化，是一种利用搜索引擎的规则提高网站在有关搜索引擎内的自然排名的方式。

(3) 社群渠道

1) 作用：软营销。这是软广告的核心"战场"。在产品上线前通过各类预热活动进行内容营销。当你看到很多人在论坛讨论某个品牌又出新品时，请不要相信这都是自发的，里面有大量的"水军"。汽车、美妆、母婴、电子产品等开展社群营销是普遍现象。

2) 具体做法：①综合网站：QQ空间、朋友圈、豆瓣、知乎。朋友圈的权重很高，QQ空间的用户也很多；②垂直网站⊖：携程旅游、马蜂窝旅游；汽车之家、易车网；搜房、安居客；辣妈帮、宝宝树。垂直社区的用户质量往往极高，营销价值极大，但是社区对营销的打击非常严厉。较好的方式是找KOL⊜进行植入营销，另外也可以找写手拍摄原创视频、图片，编写文案后开展优质内容营销；③社交：微信群、QQ群、豆瓣小组。社交群的标签非常清晰，容易找到目标用户，但是对广告的抵触也很强烈。可以和群主搞好关系，开展营销。若是官方要组建群矩阵，建议引导活跃人士自发建群，如旅游网站大多在全国各地都有用户自建的交流群。

3. 口碑推广渠道

明星、意见领袖、独立观察者、独立用户在社交平台、博客、论坛、新闻网站提及产品并给予正面评价，能迅速获得大量曝光，并大大提升产品的转化率。影响口碑渠道的关键点在于内容和把关人，一方面人们只爱分享有趣好玩的内容，另一方面把关人决定了信息的传播范围和最终的内容。

(1) 名人渠道

1) 明星代言：明星代言具备较强的公信力，同时可以借机转化该明星的庞大粉丝群。所以关键点在于品牌调性与明星的品牌形象是否符合。

2) 名人：大众及垂直领域的成功或专业人士。能被名人夸赞，产品实力很重要，被名人夸赞也可以用作项目路演的信用背书。

3) 意见领袖：网络红人、草根博主、作家、律师、学者等。现在微信大号之所以推广费用高昂，转化率较好，主要在于其借助了博主对粉丝的意见影响力。如果有条件，可以找几个博主开展深度合作。

⊖ 垂直网站（Vertical Website）关注某些特定的领域或某种特定的需求，提供有关这个领域或需求的全部深度信息和相关服务。

⊜ KOL（Key Opinion Leader），即关键意见领袖，是营销学上的概念，通常被定义为：拥有更多、更准确的产品信息，且为相关群体所接受或信任，并对该群体的购买行为有较大影响力的人。

（2）媒体渠道

1）独立记者：各大媒体比较有名的记者。邀请记者针对企业写一篇报道，优秀的记者能以独特的视角，用比较公正的语言来行文，最终呈现在读者面前的就像一篇新闻，具有极强的公信力和口碑传播效应。当然，如果企业的自媒体推出的内容比较有趣并引起了他们的兴趣，经过他们把关后发在媒体上，其效果会更好。

2）知名媒体：人民日报、南方周末、南方都市报等。企业很难获得媒体报道，一般的操作方式是策划市场活动，例如，某旅游企业曾经策划"请全国人民旅游"活动，获得了主流媒体的一致报道。事件营销的核心就是引起媒体关注并报道，难度比较大。有些企业利用公益切入营销，更易获得媒体的关注与报道。

（3）粉丝渠道

1）官方：官方贴吧、社区、博客、公众号、官微。维护好粉丝渠道，提升粉丝活跃度。不定期开展粉丝见面会、主题活动。

2）社群：豆瓣小组、QQ群、微信群、综合论坛、垂直论坛。社群要做好维护，找到一些关键人物，形成良好的合作关系。

3）个人：朋友圈、微信、微博。移动互联网时代，人人都是口碑媒介，如真人朋友圈。

总之，口碑渠道是企业传播的加速器，自媒体输出有价值的内容，口碑渠道进一步放大。付费渠道提高知名度，自媒体和口碑渠道塑造美誉度。合理利用好付费渠道、自媒体渠道、口碑渠道，能够实现"1+1+1>3"的效果。

企业在不同的区域、时间、所处竞争定位等都有不同的推广策略组合。央视广告、地铁广告、院线广告、视频广告、公交广告、百度广告、网络联盟、明星代言、新闻发布会、主题促销等，都不是独立存在的，他们都是企业市场推广策略组合中的一种。只有制订合理的推广渠道组合，才能最大化实现广告传播的延伸、重复和互补效应。

2.4.4　推广方式

虽然推广是交给专业人士去做，但是创业者也应该了解一些基本的推广方式。在此主要介绍SEO推广、网络广告投放、网站信息发布、会员制营销、邮件群发和病毒式营销六种常见的推广方式。

1. SEO 推广

这是一种针对性最强的、带有广告意味的推广方式,能够最大限度地锁定目标客户,也是见效最快的一种方式。目前国内最主要的推广方式就是百度的竞价排名,企业根据不同的自身状况,合理选择搜索引擎,这样才能取得最佳的网络营销效果。另外,关键词搜索优化也是流行的推广方式,可以使企业网站在自然搜索中排名靠前,也称为网站优化。

2. 网络广告投放

网络广告投放是一种针对性比较强的推广方式,企业在自己相关的网站上面投放广告,也可以取得一定的宣传效果。但企业在投放之前,一定要考察好要投放广告的网站,看清其网站在行业内的知名度,这样才能取得理想的效果。

3. 网站信息发布

信息发布其实是很多企业真正建站的目的,它本身也是网站最基本的功能。从网络营销角度来看,若能免费在全世界的各大行业网站发布广告信息,对大多数企业来讲也是一个很好的网络营销方式。

4. 会员制营销

会员制营销是一种最古老的网络营销方式,它可以有效地搜集目标客户的信息,留住目标客户,让目标客户经常访问并关注自己的网站。

5. 邮件群发

邮件群发曾经是一种十分有效的营销方式,但是由于其成本的低廉性,以及被大多数企业和个人的滥用,时至今日效果已经十分有限。伴随着国家相关法律法规的出台和反垃圾邮件工作的实施,邮件营销一步步地被限制,但是,如果能够有效利用,仍然是一个比较好的营销方式。

6. 病毒式营销

病毒式营销是指利用公众的积极性和人际网络,让营销信息像病毒一样传播和扩散,如图 2-17 所示,只要营销信息有爆点、吸引眼球,就很有可能在恰当的时机被快速复制,传向数以万计、数以百万计的观众,而且它能够像病毒一样深入人脑,快速复制、迅速传播,将信息短时间内传向更多的受众。

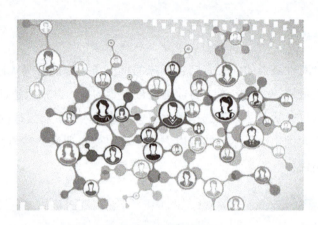

图 2-17 病毒式营销

2017 年年末之际，微信有一款游戏小程序迅速爆红，那就是"跳一跳"。打开手机微信，下拉页面，就能单击进入这个小游戏，依靠手指的点触就能玩，当时地铁、公交等各种公共场合，只要是闲着，就能看见很多人沉迷于这款游戏。与此同时，各大媒体平台也争相讨论发布关于这款游戏的内容，而在线下，甚至还有人组织了"跳一跳"的比赛。在它走红后，更多小游戏和小程序也相继开发出来。

虽然到了现在，这个"跳一跳"游戏已经过气。但是，微信官方依靠本身强大的社群推广渠道，结合病毒式营销的推广方式，培养了广大用户使用微信小程序的习惯，又打开了一个巨大的流量入口。发展两年多以来，微信已经形成了稳定的小程序生态，吸引了大量开发者与创业者投入这条全新的赛道，微信的收益不言而明。

 课后演练

各团队展开讨论，选定适合自身项目的推广策略。制作 PPT，选定一名代表汇报本团队项目的推广策略，阐明为什么要选定这种推广策略，以及怎样执行这种推广策略，并形成推广方案。

要求：

一、清晰地记录、梳理、回顾本团队的讨论过程，最好是形成可执行操作的经验，以提高工作效率。

二、老师和同学们对于各团队的讲演要给出尽量多的意见，各团队要悉心听取，认真记录老师及其他团队的意见，并在课后主动给出修改计划，及时修改完善推广策略。

2.5 市场分析

有了广阔的市场，才能拥有巨大的潜力，清晰的市场分析是整个项目战略层次的设立。对于整个市场分析来说，市场定位、竞争分析以及风险预测是三个必要的环节。

2.5.1 市场定位

市场定位是指为使产品在目标消费者心目中相对于竞争产品而言占据清晰、特别和理想的位置而进行的安排。因此，营销人员设计的位置必须使他们的产品有别于竞争品牌，并取得在目标市场的最大战略优势。市场定位是企业及产品确定在目标市场上所处的位置。市场定位是由美国营销学家艾·里斯和杰克·特劳特在1972年提出的，其含义是指企业根据竞争者现有产品在市场上所处的位置，针对顾客对该类产品某些特征或属性的重视程度，为企业产品塑造与众不同的、给人印象鲜明的形象，并将这种形象生动地传递给顾客，从而使该产品在市场上确定适当的位置。市场定位是市场营销学中一个非常重要的概念。

哔哩哔哩公司（即当前在广大年轻一代群体中备受喜爱的视频内容网站，也被称为 B 站）上市路演 PPT（见图 2-18）中的市场用户目标定位为"Z 世代"。什么是"Z 世代"？相关互联网资料中是这样解释的："Z 世代是美国及欧洲的流行用语，意指在 1990 年代中叶至 2010 年前出生的人。他们又被称为网络世代、互联网世代，泛指受到互联网、即时通信、短信、MP3、智能手机和平板计算机等科技产物影响很大的一代人。""Z 世代"愿意寻找最好的价值和服务，在体验的同时也注重节俭。

图 2-18　哔哩哔哩上市路演 PPT

"Z世代"代表着在线娱乐的未来，全球"Z世代"人口数量约为3.28亿，其中24%位于我国。"Z世代"是推动我国在线娱乐市场发展的核心力量。2017年，我国在线娱乐市场规模约为484亿美元，"Z世代"贡献了其中的55%。到2020年，我国在线娱乐市场规模预计将达到997亿美元，"Z世代"预计将贡献其中的62%。

在项目路演过程中，哔哩哔哩首先对市场用户进行目标分析，随后介绍用户的快速增长和带来的营收效益。

项目策划的核心和本源就是市场定位，项目全程策划的出发点和回归点也是市场定位，市场定位在项目策划初期就必须首先明确。在做市场定位之前需要一份市场调研分析报告。市场调研分析报告要分别从宏观、中观、微观的角度去分析，涉及的内容也需要全面，包括政治、经济、文化等方面。市场调研报告中要有以下三个问题的答案：竞争处于的态势是什么？本项目在未来可供选择的市场定位是什么？本项目相对的优势和风险在哪里？

这是市场定位前必须要准备的条件，在准备好所有的素材之后，项目的市场位置是首先要考虑的事情，即项目在未来市场中的战略定位。市场定位的基础是寻找项目竞争力、市场需求、竞品痛点这三个方面的交集。利用该理念能够较容易地明确项目的市场定位。但是对于大型综合性项目的定位可能不会局限在某个细分的市场层次里，其对于定位理念的运用需要进行多方综合考虑，要懂得适度变通。

与市场定位联系紧密的就是目标客户群定位，目标客户群的定位是项目策划的关键，在市场定位的前提下，目标客户群的定位可以从地理、人文、心理、行为四个方面刻画客户群。通过这四个方面为项目和营销提供对象，了解客户的生活习性、消费理念、居住意识等。

定位目标客户群意义如下：

- 细分销售是项目定位的根本目的，最能撼动目标客户的心就是市场定位所创造的价值，让其产生强大的购买欲望。
- 目标客户群的需求存在多样化的特点，如果想满足所有人的需求，一种产品是很难做到的。所以可以通过定位目标客户群挖掘特定人群，扩大客户群。
- 能够真正合理科学地确定目标客户，更重要的是，营销的推进可以在定位目标客户群的基础上，确定项目进展的科学顺序。

市场定位是将企业与其他企业区别开，让消费者明显地感觉到这种差别，并在消费者心理占据一个有自己企业的产品和形象的位置。为了能够满足需求、放大需求、引导需求、创造需求，还可以根据产品的差异定位，根据使用者定位，根据使用形态和使用时机定位，根据产品种类定位，根据竞争者定位，根据商品特性带给顾客的利益定位，根据价格与品质定位，根据提供的服务定位。注意，要准确地结合市场需求和差异进行定位。

1. 定位方式

（1）避强定位

顾名思义，避强定位就是避开竞争对手中实力较强的，以免发生直接竞争，将自己的产品定位在其他市场或当前市场的某处"空隙"环节，使自己的产品在某些方面与强劲的竞争对手有明显的区别。

例如，国产手机小米并没有和华为、三星打高端化的战争，因为小米知道在这方面自己的产品有不足，但是可以走亲民、性价比高的路线，寻找竞争者做得不足的环节，并且传达给顾客"在性能稳定等功能上小米的产品做得更好"的理念，进而使小米在市场上迅速站稳脚跟，也可以树立其在消费者心中的好形象。这种定位方式成功率较高，所以经常被大多数企业采用。

（2）迎头定位

这种策略适用于为了占据较高的市场位置，并根据自身的实力，与市场上实力较强或实力最强的竞争对手发生正面竞争的情况。由于这种策略中的竞争对手强大，在竞争过程中会引起社会甚至媒体的注目，消费者能较快地了解企业及产品。

例如，华为与苹果的"战争"所激发的市场竞争和巨大反响，使许多没有接触过华为手机的人对其有了一定的了解。但是这种方法具有较大的风险。因此，企业必须正确判断自己和竞争对手的能力，知己知彼，才能百战不殆。

（3）重新定位

重新定位是由于市场中进入新的竞争者或者顾客的需求发生变化而进行的二次定位。

例如，作为争议最大的"颜色官司"，在红罐包装究竟归加多宝还是王老吉这一争端之后，加多宝凉茶重新定位，把自己的产品由红罐改为金罐。企业如果发现新的产品市场范围或者欲摆脱当下的经营困境，都可以重新定位。

2. 定位原则

（1）根据具体的产品特点定位

构成产品的许多内在因素都可以作为市场定位所依据的原则，如产品成分、质量、价格等。例如，"立白"洗衣液的定位是"洗护合一"，强调清洗和护理合二为一，延缓衣物老化等特点。

(2) 根据特定的使用场合及用途定位

为原来的产品找到新颖的用途，是为产品创造新的市场定位的好方法。例如，有一家月饼产商最初将产品定位为家庭食品，但是后来发现许多人购买是为了作为佳节礼物馈赠，于是将其定位为礼品。这家公司就是元祖食品，它的品牌定位就是"精致礼品名家"。

(3) 根据使用者类型定位

企业将其产品指向某一类特定的使用者，以便根据这些顾客的看法塑造恰当的形象。企业应该利用产品使用者定位法⊖吸引目标消费者。美国米勒啤酒公司曾将其原来唯一的品牌"高生"啤酒定位为"啤酒中的香槟"，吸引了许多不常饮酒的高收入职业女性。

其实许多企业的定位原则往往不单指一个，大部分是多个依据的原则同时使用。但是依靠差异性才能在现在同质化越来越严重的市场中突出重围。这就需要明确的市场定位，将产品与其他项目区别开来。下面是淘粉吧在《第一路演》中的演讲。

我们雷迅网络的产品叫淘粉吧（见图2-19），淘粉吧是一家集电商导购、海淘还有互联网金融为一体的混合型导购平台。大家可能都知道，电商平台十分"烧钱"，但是与这些"烧钱"的电商平台不同的是，淘粉吧自成立第二年开始就实现赢利，而且每年的营业收入和净利润都是持续稳步地增长。可以说我们是一家集兼顾赢利和发展的公司。

图2-19 淘粉吧网站

⊖ 所谓产品使用者定位法，是指企业通过明确指出其产品适用者并借助使用者代表进行劝说，达到吸引目标消费者从而实现定位的方法。

下面讲一下我们公司的商业模式。我们面向高中低端用户，但是我们的目标客户群是中端用户，我们以导购为基础，作为一个基础的平台，去积累更多的用户。在这个导购业务平台之上，我们会构建垂直的业务。目前我们构建的垂直业务有海淘，还有互联网理财业务，可能未来还会有别的，但目前是以这两家垂直的业务为主。我们希望能够实现"1＋1＞2"这样一个融合的效应。因为导购平台对于我们的定义是可以聚集大量的购物用户，我们已经聚集4千万的用户，那么在这个业务基础上，我们通过导购来满足用户购买最高性价比产品的需求。除此之外，消费也在每年升级，用户也需要买更好的商品，所以我们及时引入了海淘的业务，海淘可以满足客户的消费升级、购买到更好商品的需求，这是我们引入的垂直的业务。有花钱就有理财的需求，花钱的用户和理财的用户可能就是同一个人。所以我们也提供一个理财平台，这是一个非常安全的理财模式，和P2P不一样，通过这种模式，也可以解决闲散资金理财需求。

那为什么让大家投资我们淘粉吧？

第一点，广阔的市场空间。整个网购市场的规模将保持30%的复合增长。导购业务作为整个电商的一块业务，随着发展，各大电商平台会堆积大量的商品，那么如何为这些优质的商品引入流量，就成为商家急需解决的问题。我们作为导购平台，可以让有网购需求的用户，精准地找到这些优质的商品，同时为商家解决流量的问题。所以这些需求未来也会进一步增加。

第二点，海淘市场的规模。其实大家都知道，在2014年的时候，海淘已经进入一个标志性的细分市场。如果一个细分市场规模达到了1000亿，那么这个市场就可以成为标志性的细分市场。同时海淘业务以每年翻倍的速度在增加。2015年达到了2400亿，2020年达到万亿，四分之一的网购用户成为海淘用户。

现在我们来看一下导购模式的优越性。对于用户来说，我们可以满足用户多样化、个性化的需求，解决用户在购物决策中的速度问题。对于商家来说，流量的成本越来越高，商家需要优质的流量，那么导购可以解决流量的问题。另外我们觉得相比垂直的电商，导购类的平台的生存能力更强，它可以覆盖更广泛的用户，同时我们积累大量的数据，更具有弹性和拓展性，具有更强大的生命力。

刚才提到了我们不是一家"烧钱"的公司，每年都赢利，那么凭什么你不"烧钱"还能达到4000万用户规模？其实就是凭借我们优秀的团队规模和创新能力。首先我们所有的团队，除了创始人之外全是来自阿里巴巴，阿里巴巴的人来做电商导购的业务本来就是水到渠成的一件事情。除此之外，我们在产品创新上也是不遗余力。其实我们在整个行业里面，从2011年到2013年很快就做到了NO.1，首创的是一个先行垫付的模式，在我们淘粉吧成立之前，所有的返利导购的业务，实际上返利时间非常慢,因为跟电商结算周期是一个月、两个月甚至三个月,所以等我拿到了才给用户,等用户拿到了返利,黄花菜都凉了,所以我们平台是确认收货先马上返利给用户,商家一个月之后再给我们。前期我们通过口碑传播,没有太投放广告,但是用户规模增加非常快,这就是其中的核心原因。另外当时移动端增长得很快,每年都是翻倍增长,我们现在的交易量70%到80%都是来自移动端,这也是我们的一个优势,我们的创始人原来都是移动端出身。我们把导购、返利、消费理财包括海淘这些所有平台整合起来,首创超高返、消费理财模式,通过这些产品和服务,让用户更加地喜欢我们平台。

在项目路演过程中,淘粉吧给投资人展现了不一样的项目定位、独特的运营模式,使得项目路演非常成功。

2.5.2 竞争分析

市场竞争就是在同一市场上存在两个以上的企业生产同一种或者可替代性的产品。竞争分析在目前激烈的市场环境中是每一个企业必须做的市场活动。在进行市场定位之后,竞争分析可以集中突出自己的项目优势,可以帮助评估自己在市场中的位置。竞争分析时要问几个问题,竞争对手是谁?处于行业和市场中的什么地位?竞争对手的哪些表现不能满足用户需求?从这里能发现什么机会?与它相比,自己的定位在哪里?

有一个故事:两个人去山中露营,突然出现了一只老虎,其中一人赶快换上跑鞋,另一个人不解地问:"你换上跑鞋有什么用?"他回答:"我只要比你跑得快就行。"重视竞争分析会促使企业向前发展。竞争对手相当于探路者,其发展历程是我们学习的最好参照,可以帮助我们做出优选的决策,避免走弯路。竞争分为直接竞争和间接竞争,竞争力强的就可以定义为直接竞争。例如,最早的网约车是易到,刚创立时易到的直接竞争对手是出租车,但是随着网约车市场的扩大,越来越多的企业进入行业,那么出租车就成了间接竞争对手,而一些网约车平台作为行业内具有相似商业模式的对手就是直接竞争对手。知道了竞争对手,那么就要了解它们的成绩、市场份额、目标市场等,还要了解他们的产品,明确自己与竞争对手的区别,分析思考自己在市场中的机会。

竞争分析有很多种方法,比较常见的是SWOT分析法,S(Strengths)代表优势、W(Weaknesses)代表劣势、O(Opportunities)代表机会、T(Threats)代表威胁。SWOT分析法是通过调查与研究对象有关的内部优势劣势和外部的机会威胁，并且将它们按照矩阵形式列举出来，然后分析各种相互匹配因素，进而得出一些相应的结论，这些结论一般具有一定的决策性。可以利用这种方法全面准确地研究对象所处的情景，并且进一步根据研究结果制订发展战略和计划等。

一家公司在对迪士尼进行市场分析时就运用了SWOT分析法。

S：迪士尼衍生的周边产业（家居、图书、玩具等）发展好，综合性强，多样性经营有利于公司全面发展。注重创新与进步，在不丢弃核心精神的前提下顺应不同市场消费者的差异需求，将全球化与本土化完美结合。工作人员服务素质高，给消费者的整体印象好。

W：迪士尼支柱产业电影的市场占有率不高；迪士尼电影目标群体主要为青少年儿童，电影对消费主力军——经济能力好的成年人吸引不大。

O：居民收入及消费水平提高；科技发展、技术进步（迪士尼影视技术对科技有极大的需求）；人们对娱乐、生活必需品有更多需求（迪士尼有家居、运动、文化产品等，符合市场需求）。

T：在经济全球化的趋势中，各国对本国产业的支持和保护，会对迪士尼开发国外新市场造成一定的阻碍；梦工厂、哥伦比亚等电影公司的发展，以及其他娱乐产品、非主题公园的发展；其他国家动画产业的兴起，特别是日本和我国的动画业的发展和各自国家代表性卡通形象的不断增加。

运用SWOT分析法分析出了自身的优劣，接下来要明确自己的核心竞争力。一个好的项目一定有无法被取代的优势，在项目路演过程中，要让听众清楚地知道你的核心竞争力，凸显自身价值。以最佳方式呈现出企业的核心竞争力是项目路演的重要环节。

2.5.3 风险预测

在项目确定前对工作过程中和工作结果可能出现的所有异常进行预测的过程是风险预测。项目路演过程中，将风险预测简要地表述出来是非常有必要的，它也是在市场分析中重要的一个环节。对一个项目而言，风险可能很多，但是在项目路演过程中只需将同行业者遇到的共性问题和风险展现出来。为项目的实施创造一个稳定的环境，降低项目成本是风险预测的作用，它也能避免一定的损失和浪费，为项目创造稳定的收益。政策风险、市场风险、操作风险、财务风险、技术风险和声誉风险都是应该考虑的范围。

1. 政策风险

政策风险指国家的法律或政策发生变化而导致的市场不稳定和企业发展的不确定性。

例如，英国脱欧（见图 2-20）事件：2016 年 6 月，英国全民公投决定脱欧。在具体政治和法律问题得以解决，并且脱欧的实际影响最终显现之前，还需要经历一段过渡期，这期间不确定性将会持续存在，将会影响英国所有企业、与英国存在业务关系及在英国投资的企业。

图 2-20　英国脱欧

要想规避类似的风险，就要了解政策风险产生的原因。例如，英国在欧盟预算中承担的份额是脱欧事件起因，而英国面对欧债危机的爆发也进一步坚定了他们脱欧的决心。

2. 市场风险

市场风险包括汇率风险、利率风险、股票价格风险、商品价格风险等，要考虑市场的前景是否广阔，及时了解市场需要，定期对市场进行调查。

3. 操作风险

企业的内部管理出现差错、企业的法律文书有漏洞、内部员工监守自盗、硬件系统发生故障等，都属于操作风险。

例如，中国建设银行德州平原支行一名年仅 23 岁的营业室综合柜员，在 49 天内从容盗用银行资金 2180 万元而未被察觉。如果不是中国建设银行山东德州分行对其管辖的支行进行突击检查，营业室综合柜员挪用、盗用银行资金逾 2000 万元一案,也许根本无人知晓。经了解,原因是这家银行的内部预警、内部监管出现问题。作案期间的某一日,现金库存达到2152万元,远远超过上级核定现金库存200万的近十倍。营业室副主任在作案期间查过6次库,但没有做实际盘查,只是登记了核查登记簿,填写"账实相符"。

4. 财务风险

受企业内部和外部的各种不确定因素影响,在企业生产经营或投资活动中,由于经营成果或现金流不确定,导致企业造成一定的损失,这就是财务风险。因此,要详细合理地运用资金,保证日常的收入和支出有详细的记录,每日或每周进行财务总结,确保资金的正常运作。

5. 技术风险

技术风险指企业在技术创新时遇到了技术因素等意外而导致的创业失败的风险。造成这种情况的原因主要是技术发生了改进,出现了新的替代技术或产品,或是技术不能有效地商业化。

6. 声誉风险

声誉风险指因失误违反了有关法律规定,造成了错误的舆论导向和市场谣言,给企业造成了不良影响。

例如,2008年9月22日,几则短信在东亚银行的客户间流传开来,其内容皆指出东亚银行出现不良财务状况,甚至被政府接管。2008年9月23日下午4时50分,在东亚银行的一间分行,数十位老人排队提款,引发挤兑风潮。2008年9月24日上午出现了400多人提款的场面,至下午5时,东亚各自动取款机的钱已被取尽。2008年9月24日当天该股低开走低,盘中跌幅一度达到11%,截至下午4时收盘,下跌6.85%,全天成交量约为前日4倍。同时其债券也遭到抛售。

对此东亚银行于9月24日下午发表声明:市场上的恶意谣传无事实依据,并表示已就该事件报警。

9月24日下午东亚银行紧急召开记者会澄清事实,表示东亚银行有足够现金应对储户存款;9月25日上午在东亚银行总行及分行门口公布告示,公布对雷曼兄弟及美国国际集团的贷款余额分别为港币4.28亿元以及港币4990万元;最后东亚银行做了股市的稳定,李嘉诚入市购入股份、香港金融管理局向银行体系注入39亿港元,最终东亚银行止跌反弹,居然大涨5%。

东亚银行联合媒体、警方、政府，以积极的态度应对该事件，使事件在48小时内得到平息，最终不仅未影响到业务，还实现了股市大涨。东亚银行在处理这场声誉风险过程中，对症下药、态度坚定、有条不紊、措施果决，为业内处理此类风险树立了标杆。

 课后演练

> 1. 你知道自身团队属于什么行业吗？你认为潜在的竞争对手有哪些？这些竞争对手的优势和劣势你掌握了吗？做一份竞争者分析报告，要求：利用SWOT分析法，对至少五家行业内业绩突出的企业总结分析，形成报告。
> 2. 查找至少两家大型企业应对风险的处理案例。要求：总结其风险类型、处理方式、处理过程、处理结果。在此基础上深入思考自身创业团队将来可能会遇到哪些风险、是否有预案、是否有应急管理体系机制等问题。

2.6 融资计划

融资计划是项目路演中很重要的一环，牵扯到"要多少钱"的问题，那么汇报团队的财务状况（不要说得太惨太缺钱），证明自身团队有实力进行下一步的"进阶"发展是有必要的，但说明白融资需求，以及"怎么花"才是该环节的关键。

2.6.1 财务状况

做企业，首先要想到的是没有融资自身也能赢利，等企业赢利了，想扩大赢利的时候，那时就会有人想要投资了。没有赢利的时候想说服别人投资，投资人多半会说：等你赢利了再说吧。

对那些当前赢利情况很好的企业，更应在企业自身很赚钱的时候去融资，这相当于在阳光灿烂的日子修理屋顶。而不是等到需要钱的时候再去融资，那可能就是"屋漏偏逢连夜雨"了。所以，往往在不需要钱的时候去融资，才是融资的最佳时间。

企业的未来能够产生多大的利润，实际上是基于目前的事实并经过逻辑分析最终得出的判断。投资人投资的是有风险的未来，没有投资人会把钱投在一个脑海中临时迸发出火花的企业主身上，因此项目路演时想要融资成功，那么财务现状要"过关"。

项目路演时间很紧，若要快速且明了地展现项目财务状况，最好是以数据图表的形式展现给投资者项目发展的运营情况。花了多少钱在哪些方面，收获是多少，到目前为止有多少现金流或者是增长率的硬实力体现是财务状况的核心。

对于企业来说，财务数据主要包含总资产、总负债、资产负债率、流动比率、资产报酬率和经营活动现金净流量。

总资产：反映出企业规模大小。

总负债：反映出企业债务资产。

负债率：反映出企业总体偿债能力。

流动比率：反映出企业现在的偿债能力即短期偿债能力，流动资金是否充足。

资产报酬率：反映出企业的综合管理水平，资产报酬率若低于银行贷款利率，说明企业的管理水平差。

经营活动现金净流量：反映出企业的主营业务是否赚钱，哪怕报表反映亏损，若经营活动现金净流量是正数，说明该企业仍具备赢利能力，改善经营管理后，企业依旧大有希望。

但对于某些项目路演投资人来讲，他们的关注点在于项目路演者项目的未来潜力，如用户量及增长率、GMV[一]及增长率、毛利润及同比环比增长，以及成本控制等数据信息，比起这些，项目企业短期的亏损负债并非决定性要素，以电商品牌云集为例。

2019年5月3日，"会员制"电商第一股云集在美国上市，面向全球资本市场共发售1100万股ADS，发行价为11美元，市值达30.87亿美元。2017年7月16日，云集CEO肖尚略通过微博发布了一封标题为《958万，我们为社交电商交学费》的公开信。信中表示，由于云集微店APP的部分推广形式与《禁止传销条例》相冲突，被监管部门罚款958万元。涉嫌"传销"将云集推上了风口浪尖，但并没有对它产生致命性的影响。2016年，云集GMV（成交总额）为18亿元人民币，2018年GMV则达到2270亿元人民币，增长率最高超过400%。完美的GMV增长线图背后，却是连年亏损的现实。亏损和品牌价值受损，云集到底是如何提振投资者信心成功上市的？我们在这里具体分析一下云集上市路演时的财务亮点。

[一] GMV：即Gross Merchandise Volume，成交总额（一定时间段内）。

图 2-21、图 2-22 这两张 PPT 阐述的是云集强劲的业务增长和 GMV 增长情况。通过已有数据进行分析，在无淡旺季的假设基础上，云集在 2019 年的累积会员增长率可能仅为 86.4%，随着规模的增大，增速也将放缓。2019 年第一季度交易会员量达 490 万人，有较高的付费率，是一个积极的正向指标。以电商企业的季节波动规

图 2-21　云集上市路演 PPT（1）

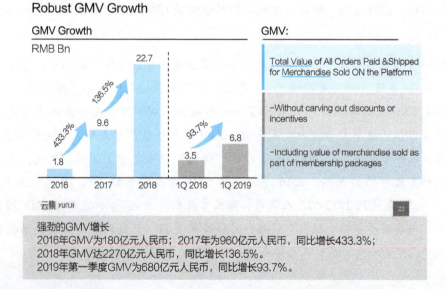

图 2-22　云集上市路演 PPT（2）

律为假设基础，根据已有订单履行量预测，2019年的订单履行量将增长129.4%，增长势头较为强劲。

如图2-23所示，从GMV到报告收入的指示性桥梁可以直观地反映出其成本及收入组成。折扣刺激在销售成本中占比最高，表面低价与优惠是云集进行产品销售的重要手段。而毛利润组成中，由代销商品产生的GMV贡献总额最多。

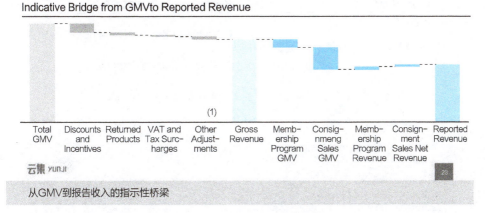

图2-23　云集上市路演PPT（3）

图2-24所示PPT展示的是云集2016~2018年的强劲且可持续的收入增长情况。其中主要是商品销售收入和会员项目收入，而且增长连年提升。

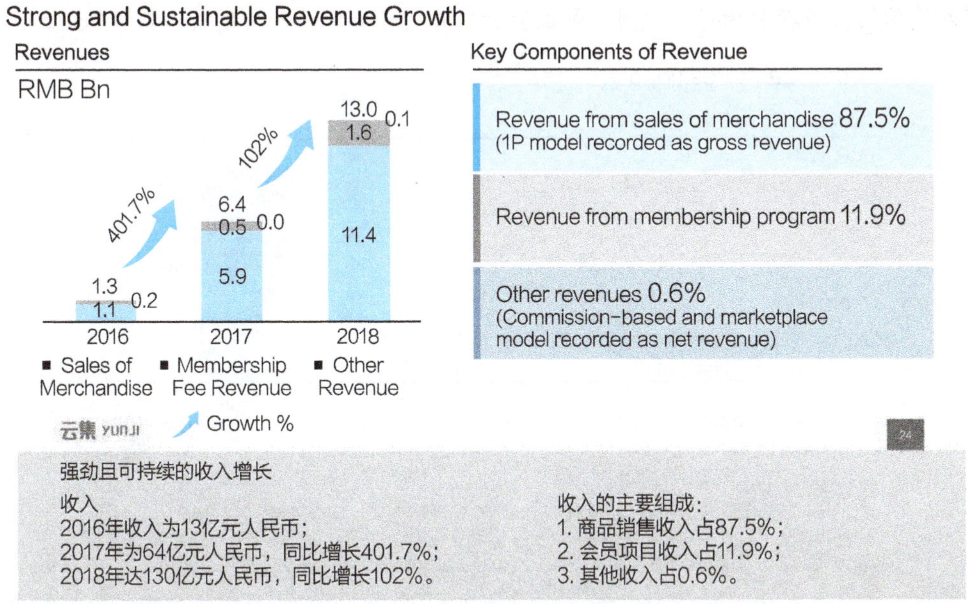

图2-24　云集上市路演PPT（4）

图 2-25 所示 PPT 展现出云集运营效率显著提高。2016~2018 年，云集毛利润从 3.06 亿元增长到 23.08 亿元，同比增长了数倍，结合销货成本组成可以推测出，随着云集规模的扩大，规模效应逐渐显现，规模性采购和运输降低采购成本和物流成本，实现了毛利润的增加。但在毛利润增加的同时，毛利率在降低，这意味云集在收入增加的同时，销售成本也在不断增加。

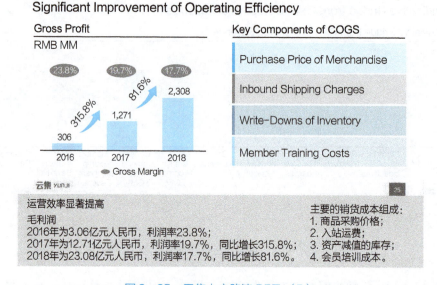

图 2-25 云集上市路演 PPT（5）

图 2-26 所示 PPT 展示的是云集强劲的现金头寸。现金头寸（头寸就是款项、资金的意思，多在金融行业使用，是投资者拥有或者借用的资金数额的多少与组成）

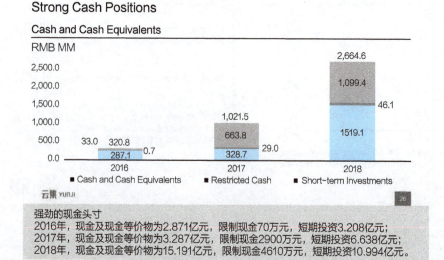

图 2-26 云集上市路演 PPT（6）

说明企业资金的紧缺、富余或流动性。云集现金头寸呈现稳健增长，现金及现金等价物占比最大，其次为短期投资，说明云集拥有较为健康的资金状况。

对于大多数投资人来说，企业的盈亏与否并不是最重要的评判因素，他们更看重企业的品牌价值和可持续发展等指标。因此，处在亏损状态的云集在项目路演的整体逻辑上其实是着重用商业模式和数据说明企业具有长期可持续发展的能力，迎合了市场投资者的关注点，得以成功融资。

所以在项目路演时，项目目前的财务数据展现很重要，它反映了项目验证成果以及未来潜力，可以看到，云集在项目路演时并没有过多地提到年年亏损的事实，而是自信地多方位展现强劲的"内在潜力"，仿佛以一种"这是个好项目，前期投资亏损只是为获得顾客所做的铺垫"的姿态来融资，给人一种"此时是项目入股的最佳时刻"的感觉。所以抛开项目实际结果不谈，云集的项目融资路演在财务状况部分是值得借鉴的。

2.6.2　融资需求

经过前面的许多铺垫，证明了项目价值和实力，那么项目路演到了最后便是融资需求——"要钱"。融资需求无非两个环节，即"要多少钱"和"要怎么花"。某种意义上讲，这两者属于一个内容，因为你知道了"要怎么花"，便知道了该"要多少钱"，因此，项目路演里很重要的一点便是未来财务规划。

在做财务规划之前，首先要知道需要什么样的融资。这个问题的答案有很多种。但许多企业对此的认识却不够深刻。许多企业对融资方式不清楚，分不清股权融资、债权融资、天使投资、风险投资、战略投资。许多企业更是都没有弄清楚自己处在什么阶段、什么状况、适合什么样的融资、需要什么样的融资。所以，在项目路演时，一定要弄清楚需要什么样的融资方式。

2.6.3　融资方式

根据金融机构的相关报告，从2011到2014年，中国88%的早期创业企业都有融资需求，但真正获得资金支持的企业只有12%。调查进一步证实，即使是在这12%中，也只有总数3%的企业依照融资计划完成了融资。原因在于企业对典型的融资方式不够了解。

常见的融资方式有权益融资、债务性融资、资产结构融资、间接资产结构融资和工具性融资。

1. 权益融资

权益融资是通过扩大企业的所有权益，如吸引新的投资者、发行新股、追加投资等来实现。权益性融资构成企业的自有资金，投资者有权参与企业的经营决策，有权获得企业的红利，但无权撤退资金。权益融资的主要方式有银行承兑、直存款、银行信用证、对冲资金、贷款担保等。权益融资的作用主要有：

1）筹集的资本具有永久性特点，无到期日，不需归还。
2）没有固定的按期还本付息压力。
3）它是负债融资的基础，也是其他融资方式的基础。

2. 债务性融资

债务性融资是指通过银行或非银行金融机构贷款或发行债券等方式融入资金。债务性融资是通过增加企业的负债来获取的，如向银行贷款、发行债券、向供货商借款等。债务性资金必须到期偿还，一般还要支付利息。它的主要优点有：

1）短期性。债务性融资筹集的资金具有使用上的时间性，需到期偿还。
2）可逆性。企业采用债务性融资方式获取资金，负有到期还本付息的义务。
3）负担性。企业采用债务性融资方式获取资金，需支付债务利息，从而形成企业的固定负担。
4）流通性。债券可以在流通市场上自由转让。

3. 资产结构融资

资产结构融资的三大要点为合资、公司扩股和资产互换。

1）合资。合资是指由两个或两个以上的企业或个人组织了一个新的经营实体。合资企业的决策权受到合资前各企业持有人的共同监管，也就是合资前各企业持有人分别拥有部分股权，并共享利润、支出、风险及对该企业的控制权。
2）公司扩股。公司扩股让原有的资产结构直接发生了变化，使得原有的资产持有者拥有资产的比例和表决权状况产生变动，或带来董事局的变动，甚至还有可能让整个企业的决策结构也发生相应的改变。
3）资产互换。资产互换指两个或两个以上的企业，通过股权资产的交换而让原来的资产结构发生改变。融资性的资产互换常常让一个企业以固定资产和权益资产换回金融资产，以达到融资的目的。

4. 间接资产结构融资

间接资产结构融资的三大要点为可换股债券、商业抵押贷款和租赁融资。

1）可换股债券。企业由于发行可换股债券，而让企业的资产债务结构发生改变，对认购者也做出了股份认购不可撤销的承诺。购买者在权益约定的日期或期限内，直接将债务转换成企业的股份，企业的原有资产结构抵押不可抗拒地发生了变化。

2）商业抵押贷款。企业因为向银行或其他机构贷款融资，让企业的资产处于有条件的抵押状态。但实际情况是，处于贷款中的企业已经将部分或全部资产的所有权和处置权交给了贷款人监管。企业如果无法履行贷款条件，就无法赎回自己的资产。

3）租赁融资。资产的租赁会使企业的账面资产全部改变。租赁人采取逐步收回投资的方式，让企业逐步、依比例地拥有所租赁的资产。但在不能履行租赁人的租约条款时，也有立即失去部分资产的风险，特别是一些项目企业，其主要资产都是通过租赁获得的。企业实际上也对租赁者有不可撤销的资产形态改变的承诺。

5. 工具性融资

工具性融资的三大要点为借壳上市、收购基金和收购信托机构。

1）借壳上市。通过收购一家具有上市资格的"壳"企业而获得融资工具。

2）收购基金。通过收购某基金的股权或获得该基金的管理权，从而获得一个公开的融资工具。

3）收购信托机构。拥有部分信托投资机构的部分股权或管理权可以使企业通过这个机构进行融资。

在以上几种融资方式中，最典型的就是权益融资和债务融资，而这两种融资都会涉及商业模式，只要涉及商业模式，大多都会进行项目路演。而最好的商业模式项目路演只需要一张结构图、一个有策略的解说和一个有数据逻辑的佐证。

再从企业的长远发展的角度来看，企业发展是有生命周期的，如图2-27所示，分为创业期、成长期、成熟期和衰退期。创业期便是打造自己的品牌定位，验证项目及商业模式的主要时期；成长期便是进行初步融资，然后进行市场扩张，进行研发新品的时期；成熟期便是进行资源整合，融资上市乃至走向国际化、多元化的时期；衰退期便是被收购、并购的时期。做未来财务规划时，首先要明白自己项目企业所处的时期，然后才能根据未来的企业需求大战略制订宏观财务计划，每个时期企业的体量不一，资金需求差别也是极大的。

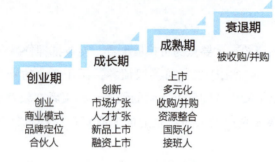

图 2-27 企业生命周期

定位之后，则是目标。记住，是要达成这个目标需要这么多钱，而不是想要这么多钱去限定一个目标，这在本质上是有区别的，别为钱而融资，而是为了项目的未来融资。

有了目标后，就要对目标进行拆分，即我为了这个目标要花费多少人力，要多少时间，要走哪些渠道，要用什么模式，要分几个阶段，每个阶段要达到什么效果等。对每个模块进行财务预测，最终总计就是融资金额。当然在项目路演表述时，最好先以"结果"为导向。

那么具体一点就是：假定要300万，用多久？6个月还是12个月？这段时间做完了之后，能做出一些什么样的数据？注册用户多少？日活、月活分别是多少？最后这些钱花完了的话，能做出来什么样的结果？是盈亏平衡了还是略微亏损？还是说接下来要再融1000万、2000万？要招什么样的人，工资标准是多少？如果要做线上线下的推广，分别在什么样的渠道花什么样的钱？同类产品在不同阶段的战略有何变化？产品转换率是多少？一切最好拿数据说话，更显得直观可信。

具体示例：

如图2-28所示，百度外卖公司在B轮融资PPT中，是这样直观明了地描述融资计划的：

- 融资轮次：B轮融资；
- 融资金额：3~5亿美元；
- 预计完成：2016年Q1；
- 历史融资：2014年百度，2015年A轮2.5亿美元；
- 资金用途：
  平台建设40%；
  产品研发20%；
  品类拓展20%；
  市场推广20%。

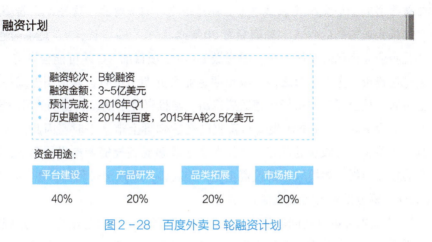

图 2-28 百度外卖 B 轮融资计划

2.6.4 财务预测

财务预测必须是经过系统地论证分析之后的结果，不能是随便列举的好看的数据。正确的创业企业财务预测，需要经过以下几个步骤，具体如下：

1）搜集和整理资料：包括行业信息、行业数据、价格、用户情况等市场数据、历史财务报表的分析和分解以及对标企业的产品价格和成本费用等。

2）制订公司发展规划：根据企业战略，制订业务发展计划，包括产品计划、人员计划、市场推广计划、融资计划等。

3）搭建财务模型并设定可变的财务假设：通常第一年要做到按月度预测，第二年要按照季度预测，第三年以及以后要按照年度预测。财务假设包括产品价格以及变动方式、员工薪水、人均办公费用、税率等。

4）进行实际预测：根据业务发展预计，在财务模型中填入相应的业务数据，生成财务报表。

5）对预测结论进行评价：评价预测财务报表是否可行、可信。例如，是否增长过快、利润水平过高，或者相反。

6）修正预测结论：如果预测财务报表不合适，重新调整财务假设并生成新的报表，直至满意。

上面说到要对预测报表进行评价和修正，主要从三个方面入手：

1）收入、利润的增长情况。把这两个指标做个时间轴的曲线图，看看它们是在

30% 斜线之上，是在 60% 斜线之上，还是抛物线向上弯曲，这是 VC[一]希望的增长情况，如果企业每年的收入、利润只有 20% 或者 30% 的增长，VC 是不会感兴趣的。除非是企业规模已经足够上市，愿意做 Pre-IPO 项目的 VC 才可能会参与。（Pre-IPO 基金是指投资于企业上市之前，或预期企业可近期上市时，其退出方式一般为：企业上市后，从公开资本市场出售股票退出。与投资种子期、初创期的风险投资不同，该基金的投资时点[二]在企业规模与营收已经达到可上市水平时。因此，该基金的投资具有风险小、回收快的优点，并且在企业股票受到投资者追崇情况下，可以获得较高的投资回报。规模较大的投资企业，如高盛、摩根士丹利等，在其投资组合中，Pre-IPO 投资也是重要的组成部分。）

2）主要财务数据之间的比率：根据预测数据，来判断企业的业务是健康且合理的，否则，创业者就需要调整相应的财务假设数据。例如，毛利率是不是比同行业高太多，收入增长跟管理费用的比例是不是匹配等。

3）创业企业的财务预测不是做出来看的，应该是实时地对照和监控，如果实际情况和预测总是相差太大，创业者需要及时找出原因，并根据实际运营情况进行相应的调整，使之更加符合现实。

这样经过具体的自身定位、目标拆分，以及严谨的财务预测之后，将会形成一个合理且具体的融资需求，当然在通常情况下，投资人还关注一些其他问题，例如：

- 为保证项目实施，需要新增投资多少万元？
- 新增投资中，企业自身投入多少万元？
- 新增投资中，需投资方投入多少万元，对外借贷多少万元？如果有对外借贷，抵押或担保措施是什么？
- 希望让投资方参股本企业还是投资合作成立新企业？请说明原因。
- 拟向投资方出让多少权益？计算依据是什么？
- 预计未来 3 年或 5 年平均每年净资产收益率是多少？
- 投资方可享有哪些监督和管理权力？
- 如果企业没有实现项目发展计划，企业与管理层向投资方承担哪些责任？
- 投资方以何种方式收回投资，具体方式和执行时间是什么？
- 退出机制是什么（上市、管理层回购、寻求并购重组机会）？
- 在与企业业务有关的税种和税率方面，企业享受哪些政府提供的优惠政策及未来可能的情况（如市场准入、减免税等方面的优惠政策等）？

[一] VC 是 Venture Capital 的缩写，即风险投资。
[二] 时点亦称选时，这里是指股票投资者通过技术分析，或者利用公司经营和经济数据来确定买入。

这些都是项目路演之前就需要考虑到的问题，并应该具有清晰的解答思路和应对策略。

再提几个影响融资的问题：

1）企业资产规模无度扩张，资金缺口进一步增大。规模的扩张速度取决于企业主个人意愿。有些企业为了谋求利润最大化，不求资金综合平衡，进行无计划、无原则的扩张行为，这注定无法成为融资单位的合作对象。这是造成融资难的一个主要因素。

2）企业资金应用失衡，偿债能力明显不足。企业的偿债能力也是一些融资单位会关注的点，也就是说"欠钱可以，你得有能力赚回来"，不能就等着融资来"补窟窿"，要有自救的实力。一些企业具有很低的资产流动性，这反映出它们根本不能保证及时、足额清偿短期负债。这对于债权人来说已经形成一个能否到期收回信贷资金的危险信号。较低的流动性和偿债能力，是造成融资"惜贷⊖"的又一因素。

3）企业主投入不足，资产负债比例过大。企业的资产和负债会在生产经营中不断增长，这是企业发展的正常现象。企业主在企业生产经营中投入资本的多少，直接反映企业主承担债务的能力。如果企业主自身投入不足、负债又多，使自身财务结构失去了稳健性，即使低成本、高回报，但是风险更高。这也是不能较好地融入资金的又一因素。

4）企业财务制度不健全，造成银企信息不对称。部分企业财务人员是根据企业主的意图制作财务信息的，还有部分会计人员没有受过专业培训，形成的企业财务报表数据不实，更不要说正确使用报表科目了。还有的企业为了自身利益需要，同一时段形成数据不同的多样报表，报出的报表出现上报主管内部一套、税务内部一套、银行的又是一套的现象，以至于对企业财务状况进行分析的银行信贷员也难识"庐山真面目"。

课后演练

1. 本节内容相对前面所学内容更为专业一些，涉及更多金融方面的专业知识，同学们可能会学得有些吃力。同学们应在学习的过程中记录遇到的问题，在课后要查找更多相关资料，可以请教经济、金融等专业的老师和同学。

2. 在对本节课所学知识基本掌握后，团队各成员交流学习感想，进行头脑风暴，尝试制订一份简易版本的融资计划。

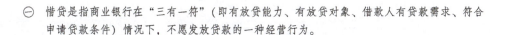

⊖ 惜贷是指商业银行在"三有一符"（即有放贷能力、有放贷对象、借款人有贷款需求、符合申请贷款条件）情况下，不愿发放贷款的一种经营行为。

第 3 章
如何做好一场项目路演

 本章导读

前面两章讲解了项目路演要包含哪些内容,要做好哪些准备工作。本章将学习如何做到将理论知识融入实践之中,综合运用、融会贯通。

本章重点:PPT 在学习、工作中都扮演着重要角色,在项目路演中,更是承担着商业计划输出载体的重任,所以做好项目路演 PPT 是本章学习的重点内容。

本章难点:如何制作好路演 PPT、建立舞台意识、提升路演技巧是本章学习的难点。

 学习目标

1. 能对自身项目的路演形成更清晰的认识,能够明确本团队项目路演的目的、方式、内容、预期效果等
2. 能够掌握制作项目路演 PPT 和舞台演讲的技巧,制作出相对完善的项目路演 PPT 并进行演讲
3. 能基本熟悉投资人的问题,并能自如、自信地回答这些问题

思维导图/学习路线

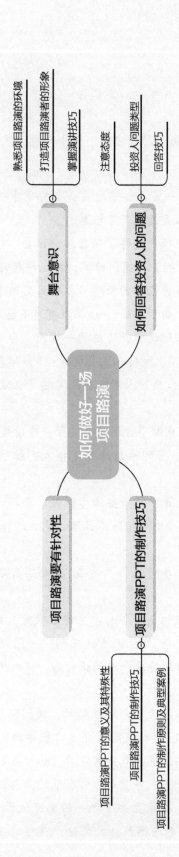

在搭建了整个项目路演的内容之后,接下来就是要在项目路演现场将其展现出来。

2015年7月31日晚,一场由哈佛校友会与哈佛中心联合举办的投融资交流大会在上海市陆家嘴国金中心大厦拉开了帷幕。

这一天,共有6个创业项目获得了项目路演机会。根据规定,每个创业项目有10分钟介绍时间及10分钟投资人提问时间,不允许超时。一名年轻的项目路演者,站在会场中央最低处,解释自己的创业项目。项目路演者紧张到有些结巴,他们想创立一个第三方众筹平台,由于团队CEO临时有事不能到场,他代为讲解。

项目路演者不知道,当他说出开场白的一瞬间,台下的投资人就已对他心存疑惑。10分钟、15分钟过去了,主持人反复提醒:"介绍用时过长,投资人提问环节只剩下5分钟。"话音刚落,投资人不断对他发起"猛攻"。(项目路演没有合理利用时间)

一名投资人问:"你究竟做平台还是做运营,想清楚了没有?"项目路演者支支吾吾地表示,商机不等人,有时等想清楚了模式,往往就错过了机会,想不清楚更好。

另一名投资人问:"众筹涉及一些法律问题,弄不好就涉嫌非法集资,这一块你们想过没有?"项目路演者彻底招架不住了,竟然这样回答:"坦白说,有些行为可能真的违法。"(项目路演没有针对性,不会合理回答投资人问题)

短短几分钟里,投资人各种强势"炮轰",令项目路演者汗如雨下,现场火药味也越发浓烈。

第二名项目路演者带来的是一个大学生创业项目,主攻大学生旅游。项目路演者以漂亮的PPT作为开场,一上台就连发三问。一问旅行前,需要大量复杂的准备;二问旅行中,一路盲目地奔波;三问旅行后,只剩照片来回忆。而他们的模式,似乎能解决传统旅行的3个弊病。

不出意外,这名项目路演者的介绍也超时,提问环节只剩下5分钟。但精明的投资人依然没有停止"炮轰",接连问了许多"数学题",如每次大学生当"导游"的酬劳只有几百元,而网站又不收取任何费用,如何赢利?市场的天花板一算即知,一对一的带队模式,一年下来业务量是非常有限的,怎么解决业务量问题?

项目路演环节结束后,也是主办方之一的资深投资人不留情面地这样总结道:"今天,这6个项目的表现普遍糟糕,大部分严重超时……我还要点名的是大学生组。你们不能一上来就否定同行来肯定自己的思路,其他同行不做,或许有一些原因,同行都不是傻瓜。更重要的是,在座的说不定就有一些投资人,正巧投了你们鄙视的那些同行。"[1]

此时,在场嘉宾的目光纷纷投向了坐在第一排的一名投资人,这位投资人不好意思地连连挥手致意,全场大笑。这场会议的组织者之一、投融会的主持人说道:"这6个项目是我们精挑细选的,高于市场平均水平,不会有哪个项目特别差。可能每个人在现场的表现会有差异。"

由于对项目感兴趣的投资人甚少,只好让对个别项目感兴趣的投资人,会后再私下找项目路演者对话。此次交流会准时结束,没拖堂,一秒也没浪费。唯独几个项目的项目路演者,白白浪费了大好的商机。

这场大型项目路演充分暴露了一些项目路演者经验缺乏、准备不足、临场能力不足等问题。判断一个创业项目是否有投资价值,投资人当然有自己的一套标准。例如,项目能否解决某一个痛点,是否具备核心竞争力,有没有太大的短板,财务、营销、技术、渠道能否面面俱到等,总之,哪个方面都不能差。而这些只是基本公式。

项目路演并不是想象中那么简单,项目路演也是一门有技巧性的艺术,是一项考验项目路演团队综合能力的技术。想要完美地完成一场项目路演,取得投资人的信任,要有针对性地做好准备,不打无准备之仗;要做好PPT,讲好企业故事;要学会一些演讲技巧,能够掌控现场;要对投资人的问题有心理准备,学会一些"答题之术"等。

3.1 项目路演要有针对性

如何做好一场项目路演,首先就是要有针对性!创业者在项目路演过程中呈现出的"演出内容"都要事先考量针对性要求,即对确定的对象采取具体针对性措施。通常情况下,在考虑如何(How)这一个"H"之前?应当先搞清楚8个"W"。8W(见图3-1)即Why? Who? When? At where? Say what? In which channel? To whom? With what effect?

---

[1] 资料来源:哈佛中心上海董事黄晶生会议总结词。

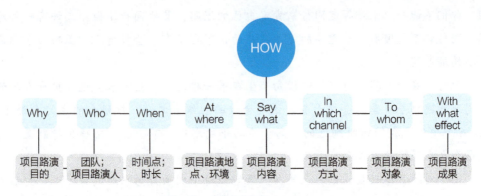

图 3-1 项目路演要有针对性

首先,要搞清楚项目路演是为了什么目的?项目路演者(包括团队和现场路演人)是谁?具体时间点、时长有多少?在哪里项目路演?是否了解和熟悉现场环境?项目路演的内容是什么?项目路演用到什么方式(哪种多媒体技术)?项目路演的对象是谁?项目路演的预期效果如何?以往项目路演的成果如何?因为只有搞明白 8W 之后,才能更有针对性地做好 1H。

Why? 搞清楚为什么要做这次项目路演?想达到怎样的目的?

项目路演的目的在本书第二章已有详细概括,这里项目路演者的目的更应该是现场路演所能达到的效果,即"说服谁(投资者)做某种的决策(保持联系、私下沟通、甚至是签订投资意向书)"。在做出决策之前要三思而行,也可学会回溯过程做出决策:要做出这个决策,需要激发他哪方面的兴趣,通过传播哪方面的信息,才能激发他的兴趣?

尽量从目标导向的角度出发考虑项目路演,发挥目标在项目路演中的引领作用,团队的努力方向才不会出现偏差。

Who? 你是谁?你和你的团队做了什么?

谁来"主演"?做好"boss 工程"。项目路演项目的主讲人最好就是企业创始人或联合创始人,如果参加创业大赛,也可以考虑安排形象代言人出场。但现在的大赛评审中,创投机构的比例不断增大,所以还是建议创始人亲自上场。毕竟投资就是投人,投资人要看到以创始人为核心的运营团队的真实表现。

而从项目路演本身来说,时间和效率决定了项目路演者必须尽量由创始人或者充分了解企业全运行流程的核心团队成员来扮演。

- 时间限制:真正的项目路演活动时间往往不会太长,由创始人项目路演,往往可以节省创始人之外的人项目路演时过多的解释时间。

- 效率制约：遇到需要决定的问题时，如果由创始人现场讲解，可以马上拍板；否则，必然会出现请求汇报的情况，甚至是推三阻四，拖拖拉拉了。

从创始人角度而言，信息和价值决定了项目路演角色只能由创始人来充当：

- 信息来源：创始人进行项目路演对投资者来说是非常重要的信息来源，更值得考虑，信任度更高。
- 价值提升：心理学研究表明，创始人的受欢迎度越高，企业估值就越高，吸引的投资者、代理商、客户也就越多。

When？项目路演的时间？针对时间做好预案

一方面要考虑项目路演的时间。时间长短决定所讲的内容和讲述的方式。麦肯锡有一个著名的30秒钟电梯理论，直切主题，30秒之内讲明白一件事情，如果是深度的交流或是私密的单独沟通，可以讲30分钟或是几个小时，把内容完整呈现，详尽阐述。此外，项目路演要讲的内容非常多，时间的分配也特别重要。

另一方面就是要考虑项目路演的具体时间段。上午？下午？还是晚间？时间段不同，现场环境不同，人的状态也会有所不同，而项目路演者也要根据人的状态进行调整。

8分钟经典项目路演

8分钟是国际标准的项目路演时间，如果能够将8分钟的标准项目路演时间把握好，那么以后的项目路演，不管是3分钟、5分钟，还是10分钟，对于企业来讲都不成问题，因为8分钟是最难以把握的时间。所以，8分钟项目路演是最经典的项目路演。

在一场8分钟的项目路演中企业应当如何快速抓住听众的注意力？

经典公式：8分钟项目路演＝提出问题＋解决方案。

这个公式非常重要，许多项目路演大师都是遵循这个公式进行了一场场成功的项目路演。

在一场8分钟的项目路演中，项目路演者只需要做两件事即可：第一件事，告诉听众你的项目是针对什么问题的；第二件事，你提出的解决方案是什么。以室内装修设计为例，项目路演者必须向听众提出现在装修行业或者设计行业存在的问题，要说到他们的心坎里。然后针对这些问题，提出解决方案，听众自然买账。

8分钟经典项目路演要围绕着四个问题展开：

第一个问题：我们是做什么的。告诉听众，企业是做什么的，这是听众关心的最基本问题。

第二个问题：我们解决了客户的什么问题。企业要告诉听众为客户解决了什么问题，这个问题必须是企业对整个行业的研究和对消费者的洞察之后得出的结论。

第三个问题：我们如何与众不同。这个问题的关键在于告诉听众，企业与其他同行业企业在哪些方面是不同的，企业的核心竞争特色是什么。

第四个问题：和我有什么关系。这是最重要的问题，告诉听众，企业的项目路演内容与听众有什么关系，听众为什么要关注企业的项目路演。

8分钟的经典项目路演十分重要，如果想要成为一位项目路演大师，那么一开始一定要将这8分钟的项目路演练到极致。如果能够练到极致，项目路演者将完成自身项目路演史上的一个重要蜕变。

At where? 地点、场合是什么？即项目路演在哪里进行？

项目路演的场地也非常重要，小范围的私密沟通和大范围的公开演讲有非常大的差别。

Say what? 项目路演讲什么，项目路演要将什么内容呈现给特定项目路演对象？

项目路演的内容，在第二章已经详细介绍了。其要点大概囊括了这些：

- 告诉投资人你是谁、品牌身份；
- 讲故事、挖掘市场痛点；
- 说明产品或解决方案（一句话概括产品/项目）；
- 用数据说明市场的规模（目标市场）；
- 商业模式；
- 说明目前的运营情况；
- 竞争分析；
- 展示差异化和优势；
- 融资回报计划；
- 核心团队、愿景；
- 留下联系方式。

项目路演者（一般是创始人或核心成员）要根据临时事件、投资人要求、时间要求等现场情况，对这些内容进行适当的取舍，有针对性地、相对精细地阐述和简略讲解，切忌"贪多嚼不烂"。

In which channel? 项目路演准备采取什么方式和技术？

针对不同的方式，要做好针对性的准备。通常用到的技术有"硬技术"：多媒体技术、互联网、VR、5G；"软技术"：视频、音频、图像、文字、动画等资源，以及演说能力、演讲技巧等。

如果采用线上项目路演的方式，其优势就在于突破投、融双方的时空距离，节约成本。其原理就是运用网络技术向投资人推介自己的产品/项目，通过直播或录播的方式传递项目路演现场。如果采用直播的方式，就要重点考虑网络传输速度，推介方即项目路演者和投资者双方的带宽、传输速度会大大影响项目路演直播效果的好坏。不过，5G技术，带来了传输速度快、低延时、高并发应对能力强等优势，直播效果会越来越好。若是采用录播的方式，那就需要着重考虑视频录制和后期制作了。要提前录制好视频，录制时要考虑画面清晰不抖动、画面内容干净不杂乱、声音清楚无杂音、取景合理等因素。视频录制完之后，要进行后期制作，项目路演要制作成"短小精撼"式的视频，其目标就是在短时间内给投资者留下深刻印象。项目路演视频制作考虑如下四要素。

短： 指时长控制在 8~12 分钟，有科学研究表明，人眼对视频的注意力的峰值集中在 10 分钟左右，超过一定的时长，注意力就开始下降，需要得到额外的刺激或休息，注意力才会恢复峰值；另一方面，投资者的时间是宝贵的，如果你的项目路演视频不能在短时间内打动他的话，说明投资者认为你的项目没有值得投资的必要。

小： 指文件量较小，便于传输和播放。

精： 指画面精美、分辨率较高、布局合理；保证画质清晰，视频中除基本的项目路演内容，还要有项目路演者本人（展现诚意）、品牌或产品 LOGO（留下品牌印象）；文字内容正确无误，无科学性、政策性错误；声音清楚，语言通俗易懂、深入浅出、详略得当，讲解精炼。

撼： 指效果要震撼，视频画面制作要正式而不失有趣，不要太枯燥，用合理的声画结合形式呈现，给投资者留下深刻印象。

若是采用线下项目路演的方式，其优势就在于现场进行沟通互动的及时性。线下项目路演更多地考验了项目路演者的演讲能力、临场应变能力。线下项目路演一般采用的是多媒体技术，涉及 PPT、投影仪、幕布、话筒，这些在项目路演开始之前都得调试好，以打造一个相对完整、完美的多媒体项目路演环境。PPT 的制作和演讲直接决定投资者能否对项目留下印象，具体 PPT 相关制作技巧见本章第二节，演讲技巧和能力的训练见本章第三节。所以提前熟悉现场环境，最好是能在现场或类似的环境下提前演练熟悉项目路演内容，而不是临时抱佛脚，否则难免会出现各种大大小小的问题。

To whom? 项目路演针对的对象是谁？

明确项目路演的对象，是在和谁宣传和推介自己的项目和团队。针对不同的受众对象，有不同的目的。面对创业比赛评委和面对投资人做的项目路演应该是不一样的；面对天使投资人和面对机构的投资经理做的项目路演也应该是不一样的。

With what effect? 项目路演的预期效果如何？

创业者的项目路演过程往往不是"一场定胜负的"，融资项目路演会经历很多次失败，是很正常的。所以要学会总结分析以往项目路演的效果，形成可执行操作的经验。在每一次项目路演前要有预设效果、项目路演完之后要进行效果总结，对比分析项目路演前后预期和实际效果的差别，发现问题、收集问题、分析问题，并在后续的项目路演中解决问题。这也是项目路演的针对性的体现，针对每次项目路演的效果，创业者要自我反思，在之后的项目路演中避免类似的问题，即使出现类似问题也能自如地解决，这样为后续项目路演的成功奠定好坚实基础。

 课后演练

假若不久以后，你的团队要参加项目路演，你们做好准备了吗？请各团队试着制作一份项目路演筹备报告或者方案。形式不限，要求至少包含以下内容：
1. 你们的项目路演出于何种目的，目标是什么？
2. 团队分工是怎样的？现场上台的项目路演者是谁？
3. 项目路演的具体时长有多久？是否规划了具体的时间点和相应的讲演内容？
4. 此次项目路演的基本内容有哪些？哪些是重点必须细讲，哪些只需简介？
5. 用什么方式进行项目路演？在哪个环节用、如何用？
6. 项目路演的预期对象是谁？项目路演的预期效果是怎样的？

3.2 项目路演 PPT 的制作技巧

所有的项目路演内容除了口头阐述以外，大多数时候还要有承载工具，以文字、数据、图表等形式直观地表现给投资人看，才能更具影响力地阐释内容，这就要重点介绍 PPT 这款工具了。

3.2.1　项目路演 PPT 的意义及其特殊性

1. 更全面地了解 PPT

PPT 是 Microsoft Office Power Point 的简称。Power 是能力、影响力的意思，Point 是观点、要点、重点的意思，这两个词拼凑即为"核心、有影响力的要点"，PPT 的本质在于可视化，应该是用文字、动画、图表等方式将核心的、有影响力的要点给呈现出来，达到使晦涩难懂的内容变得形象、通俗易懂的效果。PPT 是功能强大的演示文稿制作软件，也有很多人称之为幻灯片，它增强了多媒体支持功能。利用 PPT 制作的文稿，可以通过不同的方式播放，可将演示文稿打印成一页一页的幻灯片，使用幻灯片机或投影仪播放，也可以将演示文稿保存到光盘中以进行分发，并可在幻灯片放映过程中播放音频或视频。

PPT 现在已经变成演示软件的代名词，但有趣的是开发了 PPT 的那家公司一开始并不打算做演示软件，更不用说去开发一款变革全球集体沟通方式的工具了。相反，PPT 是在希望破灭中的一线生机，把一家苦苦挣扎的初创企业从失败边缘拉了回来——它后来所取得的成功是创造者原先怎么也想不到的。

1982 年 Apple Ⅲ 的产品营销经理 Taylor Pohlman 和 Apple Ⅱ、Ⅲ㊀的软件营销经理 Rob Campbell 从苹果辞职开始一起创业，成立了一家公司 Forethought。Forethought 的宏伟目标是替 IBM PC 建立类似在施乐 PARC 开发的图形化软件环境，PPT 并不在他们原先的计划当中。1987 年 4 月，Forethought 把 PowerPoint 1.0（见图 3 - 2）推向市场，新推出的产品在 Macintosh㊁用户中一夜成名，Forethought 在第一个月就拿到了 100 万美元的预订额，净利润达到了 40 万美元，这个就已经是公司的研发投入了。

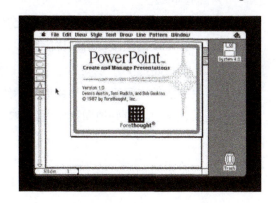

图 3 - 2　PowerPoint 1.0

㊀ Apple Ⅱ、Ⅲ 是苹果公司分别于 1977 年、1980 年推出的商用计算机。

㊁ Macintosh 即麦金塔计算机，简称 Mac，是苹果计算机其中一系列的个人计算机。1984 年起，苹果公司以"Macintosh"开始开发个人消费型计算机，如：iMac、Mac mini、Macbook Air、Macbook Pro、Macbook、Mac Pro 等。

1987 年，在推出 PowerPoint 1.0 的几个月后，微软收购了 Forethought。于是 PPT 变成了微软的演示软件，首先是面向 Macintosh 然后又支持了 Windows。

2. PPT 存在的意义

2007 年 1 月 9 号，乔布斯手持 iPhone 站在了发布会的舞台中央，用 PPT 在大屏幕上展示了一个结合 iPod 和手机功能的科技产品，及其各项功能和对未来手机设计方向的意义。这部酷似 MP3 的设备彻底改变了人们的习惯，引领了手机行业的变革，而乔布斯成为站在人文和科技十字路口的那个人。

无疑苹果发布会上的 PPT 有着"撼动人心"的效果和意义。PPT 之于项目路演的意义有许多，具体从以下三方面来体现：

1）吸引投资者。

项目路演中，一味地演说对听众来说是很枯燥的，如果搭配 PPT，用简约美观的平面和动画设计吸引投资者的注意力，能够有效地将他们的注意力集中到你的演示之中。增加了投资者对你项目的了解，也就可以增加投资者的投资兴趣。

2）引导投资者。

项目路演过程中，可以用 PPT 来帮助突出项目的重点，而且针对一些项目中专业的内容，利用 PPT 可以帮助投资者更好地理解。引导投资者跟上项目路演的节奏，加深对项目的整体理解。

3）营造体验感。

项目路演中，很多项目都需要一些交互体验，在 PPT 中合理规划设计一些交互动画的形式，可以增强投资者的体验感。

总之，项目路演 PPT 以符号、文字、图形、色彩、声音、动画及视频的方式，将项目需要表达的内容直观、形象地展示给投资人，让投资人对项目路演内容印象深刻，是项目路演者更好地向投资人传递项目信息的载体。

3.2.2　项目路演 PPT 的制作技巧

1. 项目路演 PPT 的制作思路

PPT 是项目路演的灵魂，在项目路演的过程中，投资人不仅要听项目路演者的演讲，还需要从 PPT 中获取重要信息。但很多人都觉得制作项目路演 PPT 非常伤脑筋，其实只要掌握了制作 PPT 的正确逻辑，项目路演 PPT 的制作也并非难事。制作使用 PPT 的正确逻辑为：用精炼简洁的文字表达观点，用与内容相关的图片和短片阐述深意，以最严谨的逻辑展现出自己最想表露的信息。

或者从另外一个角度来讲，项目路演PPT就是商业计划书的PPT展现形式。那么如何将商业计划书（BP）制作成项目路演PPT呢？可以基于前面介绍过的商业模式画布来布局制作以商业模式为核心的项目路演PPT（见图3-3）。

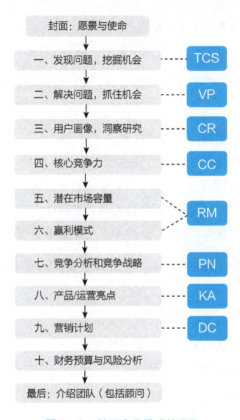

图3-3 基于商业模式的BP

PPT封面：一句话概括企业愿景与使命。 这个愿景是团队一致达成的共识，是组织内部为之不懈努力的初心和使命，是企业未来发展的大方向。例如，矢志成为信息通信技术服务领域的领导者。

PPT第一部分：发现问题，挖掘机会。 对应商业模式画布中的目标消费群体（TCS），重点阐述两个问题。

- 为谁服务？用几句话说清楚你发现目前市场中存在一个什么样的空白机会点，或者，存在一个什么问题，以及这个问题有多重要。
- 洞察客户？分析客户的痛点即用户的功能性需求，着力解决用户的刚需；分析用户的"痒点"，即用户的精神性需求，着力提高用户的复购率。

PPT 第二部分：解决问题，抓住机会。对应商业模式画布中的核心——价值主张（VP），重在阐述四个问题。

- 你用什么样的解决方案解决这个问题？
- 你的产品或者服务是什么？
- 你为顾客提供怎样的利益/功能点？
- 买点/卖点（UBP/USP⊖）是什么？

PPT 第三部分：用户画像，洞察研究。对应商业模式画布中的客户关系（CR），主要分析五个问题。

- 聚焦客户分类，清晰定义客户群体。
- 从需求、欲望和恐惧三个基本点进行客户洞察。
- 分析客户行为/动机？从消费场景中研究客户行为。
- 如何识别/寻找客户？客户画像拟人化、典型化。
- 如何与客户进行接触/沟通？分析客户媒介接触习惯，阐述接触点。

PPT 第四部分：核心竞争力。对应的是商业模式画布中的核心能力（CC），重在阐述三个问题。

- 为什么这件事情只有你能做，而别人不能做？
- 你的团队/产品/模式有什么与众不同的地方？
- 学会挖掘优势：关键不在于所做事情的大小，而在于你能比别人做得好，与别人做得不一样。

PPT 第五部分：潜在市场容量。对应的是商业模式画布中的收入模型（RM），重点阐述五个问题。

- 细分市场的用户数是多少？
- 单客户产出（ARPU）是多少？
- 复购率与复购频率是多少？
- 顾客全生命周期价值是多少？
- 市场总容量是多少？

PPT 第六部分：赢利模式。对应的还是商业模式画布中的收入模型（RM），重点阐述三个问题。

⊖ Unique Brand Proposition，独特的品牌主张；Unique Selling Proposition，独特的销售主张。

- 你的产品矩阵是什么样的？解决方案是什么？
- 收入结构中利润和成本的构成情况是什么？
- 要体现互联网思维，典型的就是在基础业务之上是否架构了增值业务体系？

PPT第七部分：竞争分析和竞争战略。对应的还是商业模式画布中的合作伙伴网络（PN），重点阐述两个问题。

- 竞争者识别：品类/品牌；共生/替代。
  重点在于阐述清楚在目标市场里有没有其他竞争者，具体情况是怎样的。有竞争者在做同样的事不可怕，重要的是你能不能对这个产业和行业有一个基本了解和客观认识。要说实话、干实事，可以进行一些简单的优劣分析，以及竞争产品分析。
- 重新定义战略空间？
  在以往的工业时代，商业战略是竞争逻辑的，笃信"商场如战场"的竞争格言。而在当今互联网数字化时代、企业的战略应该向"共生逻辑"转变。共生逻辑将企业、客户、同行、产业伙伴等视作同一个生态系统中的参与者，通过资源的互相补给、相互促进推动整个生态系统的繁荣发展，使该生态体系下的每个参与者受益。所以，在"共生逻辑"下，企业要学会打造自己的合作伙伴网络，"抱团取暖"才能活得更好。有一个稳定高效的合作伙伴网络也是企业发展运行的重要影响因素之一，这一点也被投资者所看重。

PPT第八部分：产品/运营亮点。对应的是商业模式画布中的关键业务（KA），重点注意两个内容。

- 阐述产品的运营要紧跟互联网时代，有互联网思维，投资人非常看重创始人对于互联网的理解与实践。
- 阐述产品/项目的核心业务时，要尽量与新技术新趋势关联起来，如机械化、自动化、信息化、云计算、大数据、人工智能、5G技术等。只有前沿的技术产品才被认为是有发展潜力的。

PPT第九部分：营销计划。对应的是商业模式画布中的分销渠道（DC），包括五个内容。

- 产品和服务的上线计划是什么？

- 产品和服务定价是什么？
- 分销网络怎样布局？
- 物流服务与技术支持如何？
- 沟通计划是什么？

PPT 第十部分：财务预算与风险分析。重点包括三个内容：

- 未来六个月、十二个月、十八个月的现金流分析。
- 融资资金分配比例及其理由，需要一份明细表。
- 在财务分析中学会善用 SWOT 分析法。包括：
  1) 分析自身在财务表现方面已存在的优势（strengths），表明自身实力；
  2) 分析自身劣势（weaknesses），并给出积极的改进方向；
  3) 分析投资机会（opportunities），阐述投资亮点与收益；
  4) 通过分析可能存在的财务风险（threats），举证阐述自己的项目投资风险低。

这是一种基于内外部竞争环境和竞争条件下的态势分析方法，就是将企业的财务表现看作研究对象，研究与企业财务密切相关的各种主要内部优势、劣势和外部的机会和威胁等因素。通过调查，将这些因素列举出来，依照矩阵形式排列，然后用系统分析的思想，把各种因素相互匹配起来加以分析，从中得出一系列相应的结论，而该结论通常对企业的决策具有一定的指向意义。

PPT 最后部分：介绍团队（包括顾问）。重点从这四个方面介绍：

- 团队成员的优秀之处是什么？
- 他们做过什么事情？
- 他们之间的关系如何？
- 成员的人格成熟度如何？是否具有责任心、领袖力、逻辑性和表达力？

以上内容就是项目路演 PPT 的制作要点，也可以根据这份制作框架结合自身的实际情况调整顺序或者增删一些要点。

2. 如何提升 PPT 质量

仅掌握了 PPT 的思路是不够的，还需掌握图 3-4 中制作 PPT 的技巧，提升项目路演 PPT 的质量。

图 3-4 制作 PPT 的技巧

第一，避免文字堆砌页面。将文字堆满页面的 PPT 不能称之为 PPT，这样它的作用其实和 Word 是差不多的。一个形象的项目路演 PPT 应该给投资者带来两个方面的感受：

1）容易理解。文字是高度抽象的，作为项目路演 PPT，一定要生动、简洁，能够让投资人在最短的时间内将其转化为自己的语言理解。

2）便于记忆。要让投资人记住文字的难度太大，同时投资人也没这个耐心，但是形象化的 PPT 可以让投资人对其中的图形、逻辑、结论有清晰的印象。

因此，在制作项目路演 PPT 时，切记要删除无关紧要的内容，摘取精华，呈现要点。

第二，学会使用图表。PPT 相较于 Word 多了很多图表功能，并且更容易操作。项目路演 PPT 的基本内容就是数据，所以图表自然是必不可少的工具。很多时候几千字才能讲清楚的内容，一张图表就够了，而且更加清晰、直观，所以图表可以让投资人摆脱阅读大段文字，一眼看到内容核心。

第三，控制项目路演 PPT 演示时间。并不是讲得越多，时间越长，就越能体现出项目路演者的重视程度，浓缩才是精华。项目路演 PPT 的核心内容就是数据，只需标明核心数据内容，再在此基础上把投资人容易困惑或是你认为特别重要的地方加以说明即可，不要担心演示时间过短，控制在 8~12 分钟为佳。

第四，善于运用动画效果。很多人认为 PPT 就是幻灯片，只是一页一页翻过的图片和文字。其实 PPT 中有一个很炫的功能——动画，动画用得好，可以让 PPT 变得更加生动，提升表现效果。要善于运用 PPT 动画效果，掌握五大要点。

1）片头动画。在项目路演开始时，投资人往往需要一个适应期，因此设计精美而有创意的片头能立即将投资人的注意力吸引，给他们带来震撼感。

2）逻辑动画。很多时候投资人缺乏逻辑引导，习惯按照自己的方式来浏览

PPT，因而难以把握重点，甚至无法理清内容中的逻辑关系。因此可以在项目路演PPT中加入逻辑动画，控制对象出现的先后顺序、主次顺序、位置的改变等，引导投资人按照项目路演者设定的思路来理解PPT的内容。

3）强调动画。如果采用颜色深浅、形状大小、不同字体等方式强调及突出某些重要的内容，该内容会一直处于被强调的状态，在讲述同一页的其他内容时会分散投资人的注意力。可以采用动画中的强调动画，对强调内容进行缩放、闪烁、变色等动作，以达到强调的效果，方便项目路演者控制演讲节奏，强调后自动回到初始状态。

4）片尾动画。相比戛然而止的片尾，加一个简单的动画可能收获意想不到的效果。一方面体现礼貌，提醒投资人演讲结束，给他们时间准备接下来的提问等活动；另一方面可与片头呼应，给投资人留下一个项目路演PPT完整的印象。

第五，策划设计创就精品。很多人会直接将PPT归结为办公处理类，认为制作PPT只需要进行简单的排版、填充内容。但是，一个好的PPT应该是经过精心策划设计的，特别是项目路演者更需要在项目路演PPT上体现自己的设计才能，通过PPT显示自己具备创新精神和创新意识。暂不考虑内容的好坏，一个设计精美的PPT可以让投资人产生好感，给人以专业、认真、可靠的感觉，赢得投资人的信任，赢得成功的机会。但设计并非一日之功，可以运用一些专业素材让PPT兼具内外之美。

3. PPT中的常见问题

项目路演PPT实际上是商业计划书或招股说明书的浓缩版，但在制作的时候，稍不留神就会出现一些问题，有些问题虽小，但可能会对项目路演产生至关重要的影响。因此，想要制作出一份好的项目路演PPT，需要注意表3-1中经常出现的问题。

表3-1 PPT常见问题

序号	问题	说明
1	夸大其词	很多的项目路演者都希望充分展现自身优势，通常会用非常生动的语言介绍自己的项目，这本无可厚非，但是过分的夸大其词就会出现问题。例如，在项目路演中，商业计划书上用"优秀的团队"，但在项目路演材料里却变成了"强大的团队"；在计划书中明明说明的是"领先地位"，但在项目路演材料里却改成了"我们是最强大的"。这些虽然看起来都是一些小问题，但是很多眼尖的投资者便会抓住这点不放

(续)

序号	问题	说明
2	漏掉信息来源	项目路演PPT除了摘出商业计划书的内容之外,还包含一些行业信息,这些信息可以在商业计划书中出现,但是要标明来源(通常用加注脚的方式)。通常来说,企业上市会聘请独立第三方顾问撰写行业报告,行业顾问们会根据企业的要求撰写出一份具体的报告,这也常常被作为信息的来源
3	一致性问题	项目路演PPT必须与发行材料保持一致,这其实是为了保护中小投资者,确保他们和参加项目路演的机构投资者们获得一致的信息。也正因如此,很多保守的项目路演者会直接从商业计划书中复制粘贴出相关的内容以避免出现失误,但也不乏部分激进的项目路演者希望讲出一些精彩的故事吸引投资人的眼球。总而言之,无论采用哪种方式,务必保证内容的一致性
4	图文不符	项目路演者会使用各种手段来吸引投资人,例如,某企业为了营造总收入或员工人数大幅增加的假象,制作柱状图的高度与实际数值完全不成比例。项目路演PPT其实也是一本销售手册,因此少不了使用插图,但如果让一些不知出处的美图充当文字的"模特",往往会因为信息的不真实而被要求撤换
5	未经第三方同意	在某些项目路演时,项目路演者希望披露供应商或者客户的名称以表明自己的上下游都是名企,宣扬自身实力。因此,他们往往会堂而皇之地将所有与自己有业务往来的企业名称,甚至LOGO都放进项目路演PPT中,但是,只要不是在公共信息中,所有披露都必须要取得第三方的同意才行
6	与竞争对手作比较	在项目路演PPT中,一般都少不了与行业内竞争对手的对比,但一定要格外小心,因为很多的承销商的内部律师或风控人员是严禁企业与其他竞争对手进行对比的。如果一定要比较,就需要用独立第三方行业顾问报告的数据,或者是各上市公司年报的数据,而非自己调查所得的数据,以证明信息的真实性及可靠性

4. PPT的使用技巧

PPT的使用技巧可以从模块化、图形化、图表化和顺序化四个方面去掌握。

1)模块化。项目路演时需要表达的内容可能很多,可以进行归类、提炼类别或关键词,还可以用一些图表来表示类别。例如,在第一代 iPhone 发布会上,iPhone 有很多革命性的设计,它的优点非常多,甚至于超过了 50 项,但如果把这

50项逐一地介绍，听众肯定会记不住。但乔布斯就很聪明，他把50项都归类到三大类别里面：一个触摸控制的宽屏幕iPad、一个革命性的移动电话和一个突破性的互联网通信工具。

例如，在给一家影城设计项目路演的时候，当问到老板这个影城项目的优势是什么时，这位老板说了很多，包括很多人去看、座位设计创新、主题观影环境、二级分销会员制度、地理位置好、卓越的管理团队、会员级别晋升系统、社交网络、美甲店、支持网上订票选座、汽车美容、自主点播系统、主题餐厅、咖啡厅、零食屋等，这么多的内容，听众并没有产生任何记忆点，这样的项目路演肯定不会产生什么好的效果。但把表达的方式做一些调整，就可以归纳为更多的顾客数量、更高的消费频率、更大的消费额度。这样当听众想起这个项目与别的项目的区别的时候，就会想到更多的顾客数量、更高的消费频率、更大的消费额度。这就能更好地突出了该影城的优势和特点。

2）图形化。图形化就是指能够用图形表达的内容那就坚决不用文字。在很多时候，用图形配上一些关键词来表达比纯粹用文字表达的效果要好。著名的广告大师保罗·阿登说过："不要使你的观众从你文字方面的聪明才智中受益，要尽可能为他们画图。一个简单的标题、几句简短的话，搭配精心挑选的照片或者几何图形，简单的组合，会使你的项目路演更引人注目，会使更多的人记住它。"

例如，第一代iPhone发布会上，乔布斯为了表达iPhone比其他手机在智能程度和易用程度上更好这一个观点，他做了一张示意图（见图3-5）。上端代表智能，下端代表不智能，左边代表不易使用，右边代表容易使用，其他品牌的手机都被放在了下侧和左侧，就是为了告诉人们那些手机既不智能又不好用，同时将iPhone放在了右上角，用来告诉人们这是目前最智能并且也是最好用的一款手机。这样在表达自身观点的同时，也给听众以很强大的视觉冲击，听众能够直观地感受iPhone的核心优势。

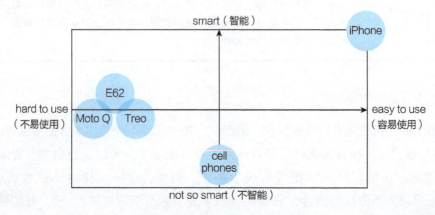

图3-5　iPhone核心优势示意图

3）图表化。图表化主要体现在对数据的呈现上，这个方法在 PPT 的领域应用还是比较广泛的。与其花很长时间，用很多文字来讲解一大串数据或者数据发生的变化，不如用图表来呈现，这样要直观、清晰得多。

图 3-6 用直方图直观地展示了某地区生产总值从 2006 年到 2020 年的增长趋势。图 3-7 用饼图直观地展示了某产品不同消费群体的占比情况。图 3-8 用折线图直观地对比了东京和伦敦一月到十二月气温的变化情况，这种图也经常被企业用于展示运营数据。

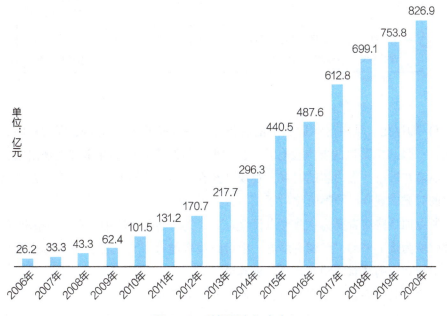

图 3-6　数据图表化（1）

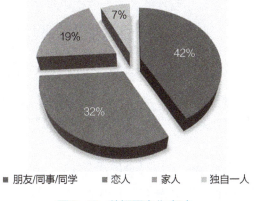

图 3-7　数据图表化（2）

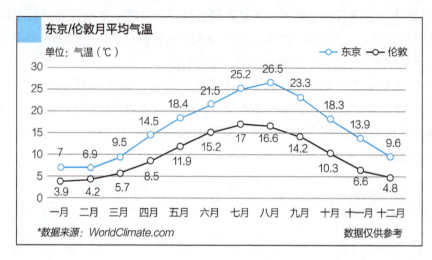

图3-8 数据图表化（3）

4）顺序化。顺序化就是PPT的制作和讲解要符合人的认知心理的顺序。很多时候，一张PPT要讲的要点会有几个，如果项目路演者一次性全部展现出来，当项目路演者在讲第一点内容的时候，观众已经在看第二点的内容了，当你在讲第二点内容的时候，观众已经不听你讲了。

所以项目路演者要为这些要点设置好自定义的动画，使用动画讲一条出现一条，这样就能为接下来的讲解留有悬念，项目路演者能够以自己的讲解节奏依次呈现要点，引导观众的注意力跟着自己的讲解走。

一个页面中不要有太多要点，一般来说3个足矣。

以百度外卖2016年B轮融资PPT为例。以三大渐次上升的要点表达了百度外卖的企业愿景不仅仅是外卖，而是"打造千亿级同城物流平台和交易平台"。通过三大阶段的一步步上升，展示了百度外卖宏大的企业愿景。

如图3-9所示，首先介绍企业发展的第一阶段：2014～2015年，做外卖O2O，通过高频刚需的餐饮外卖切入市场并做深。

在介绍完阶段一之后，按动翻页笔介绍第二阶段（见图3-10）：2015～2016年，建物流平台，打造国内最强的"最后一公里"即时配送能力，并在这里做了一个小结：通过第一阶段的外卖O2O业务，为第二阶段建物流平台磨合了智能物流调度系统。

再次按动翻页笔，介绍第三阶段（见图3-11）：2017年起，横纵延伸，打造千亿级同城物流和交易平台，并又做了一个小结：基于第二阶段建立的用户基础及物流能力，能够进一步横向拓展交易品类，深入拓展本地社区O2O市场。这也相当于解释了横纵延伸的意义。

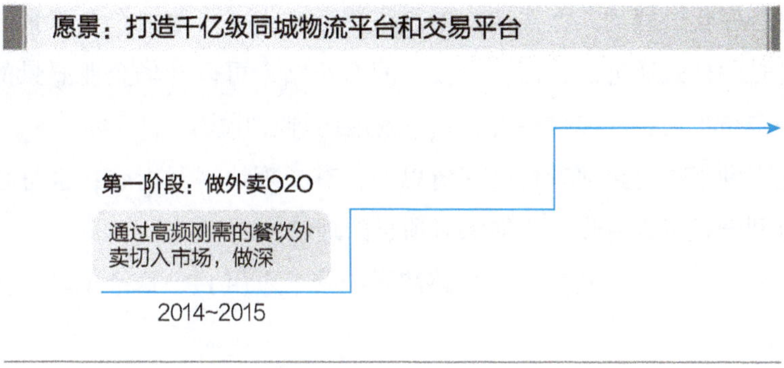

图 3-9 百度外卖 B 轮融资 PPT（1）

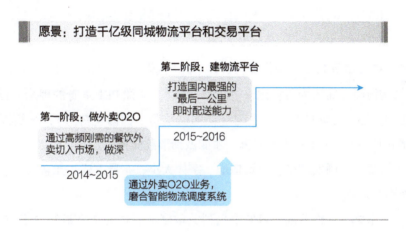

图 3-10 百度外卖 B 轮融资 PPT（2）

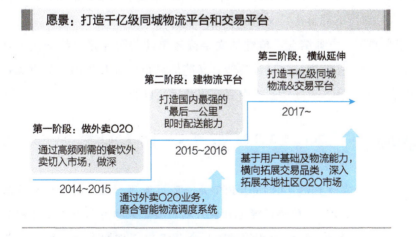

图 3-11 百度外卖 B 轮融资 PPT（3）

这就是顺序化讲解的典型案例,项目路演者一步一步地把企业愿景的内容呈现出来,内容是阶梯式递进的,而且阶段之间有小结,可以升华企业愿景的主题。企业愿景的一步步扩大,其实也展现了企业发展的雄心壮志。

顺序化有利于项目路演者自己理清思路,有条理地展开内容;也符合观众的认知规律,有利于投资人一步一步加深对项目的理解。

以上就是PPT的使用技巧,项目路演者应善于应用PPT这个工具,让它发挥最强大的威力。

3.2.3　项目路演PPT的制作原则及典型案例

总之,项目路演PPT的制作要符合以下几项原则:

1) 结构清晰,简洁为美:记住"少即是多",就像PPT本身的理念一样,以一个点去撼动人心。每页只有一个主题(如团队成员、团队优势等),全篇围绕一个中心(融资项目)。这样才能有逻辑,才能做到形散而神聚。

2) 风格统一,画面和谐:色调搭配、字体大小、布局方式、元素组合、动画切换等要做到和谐统一。

3) 文字精练,逻辑清晰:PPT中只列关键字,一页的文字最好少于30个,关键字要精炼,语句要符合逻辑。

4) 形象的图表,可视化表达:要善于将项目中复杂的数据数字转换成简洁明了的图表。人们对图的理解比对文字的理解要快,且印象深刻。

5) 图文并茂,声画结合:单纯的文字或者单纯的图片元素都会让观众感到乏味,图文并茂既能缓解观众的视觉疲劳,又能加强观众对PPT内容的直观理解。如果再辅以恰当的声音,更能达到吸引观众注意力的目的。

典型案例

2018年3月28日,哔哩哔哩在美国上市,以下是它的部分上市路演PPT。

图3-12所示PPT是一张过渡页,醒目的标题和简洁的企业LOGO,能够迅速地让观众明白接下来项目路演者要介绍的是团队故事,这种简洁的排版符合PPT中"少即是多"的制作原则,而且这种醒目的大标题、大LOGO更是能够迅速聚焦观众注意力。在视觉设计方面,采用的是浅蓝配色,文字和LOGO的排布基本

符合黄金分割定律[一]，这些元素看起来虽然简约其实却不简单，这样的设计符合人的视觉观感。

图3-13所示PPT是一张内容页，介绍了哔哩哔哩的企业愿景：丰富我国年轻人的日常生活。这张PPT用图片展示了哔哩哔哩的用户画像；并且用数字说话，表述了2018年前两个月平均月活跃用户（MAU[二]）7600万，"Z世代"（1990～2009年间出生）占82%，2017年每个活跃用户在线时间76分钟。

图3-12 哔哩哔哩上市路演PPT（1）

这张PPT图文并茂，列出关键数据，既介绍了哔哩哔哩的企业愿景，又直观明了地表达了其用户群广大，具有广阔的市场前景。

图3-13 哔哩哔哩上市路演PPT（2）

图3-14所示PPT是一张内容页，介绍了哔哩哔哩是如何拓展其用户群的。左边用饼图表述用户群扩大的趋势，2018年前两个月哔哩哔哩拥有7600万月活跃用

[一] 黄金分割定律，在构图中常遵循的定律，就是在画面上横、竖各画两条与边平行、等分的直线，将画面分成9个相等的方块，称九宫图。直线和横线相交的4个点，称黄金分割点。

[二] MAU（Monthly Active Users）是一个用户数量统计名词，指网站、app等月活跃用户数量（去除重复用户数）。

户，通过饼图的向上扩大，形象地说明了哔哩哔哩的用户群会越来越大，用户参与度和保留率会不断扩大，加深在Z世代中的渗透。

右边列出四大要点表达了扩大用户群的措施：通过激励内容创作者向广大用户提供更多优质视频内容；打造更好的用户体验，使用户体验更具互动性和个性化；品牌影响力持续有机增长；进行更准确的定向营销。

在视觉设计方面，风格统一符合主题，采用的是"浅蓝+浅红"的配色，符合该企业面向年轻人输出文化内容的价值主张。在内容方面，关键词清晰简洁，既有目标又有措施，符合文字精练、逻辑清晰的PPT制作原则。

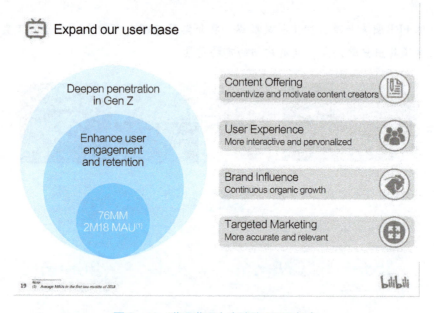

图3-14　哔哩哔哩上市路演PPT（3）

图3-15所示PPT是一张内容页，主题是：我们的快速增长。该页介绍了快速的用户群扩展，为快速的收入增长奠定了坚实的基础。这张PPT采用数据可视化的方式，直观地展示了哔哩哔哩的用户群的发展趋势，及其带来的运营收入的增长趋势。如此强劲的增长趋势，无疑会增加投资者的投资信心。

图3-16所示PPT是一张团队介绍页，主题是：我们富有远见和热情的管理团队。介绍了哔哩哔哩的团队的主要高层骨干。其中用蓝色加粗字体重点标出了团队成员的行业经验、过往履历，这就是PPT的细节所在，这个细节让人一目了然地看到各团队成员有着在各大著名企业的多年工作经验。投资就是投人，这样的团队肯定能得到投资者的认可。

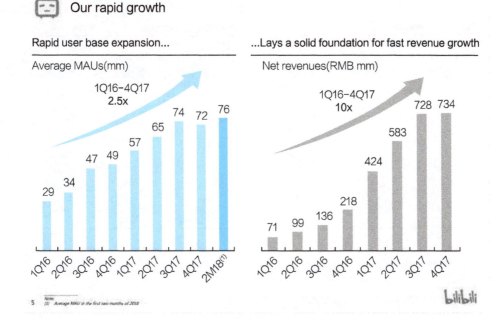

图3-15 哔哩哔哩上市路演PPT（4）

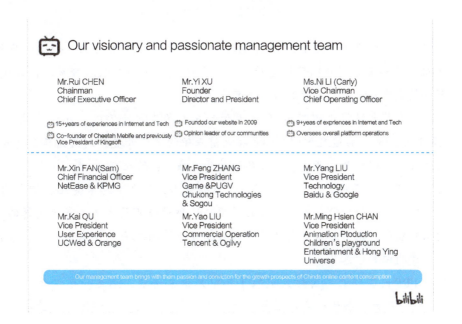

图3-16 哔哩哔哩上市路演PPT（5）

图3-17所示PPT是一张内容页，主题是：通过经营杠杆扩大利润，包括营收成本和运营开支两方面的内容。

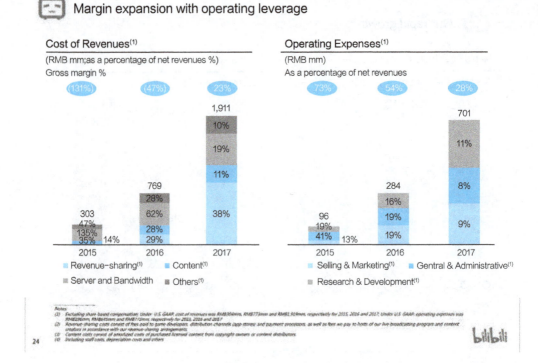

图 3-17 哔哩哔哩上市路演 PPT（6）

左边三个蓝色椭圆介绍了 2015 年毛利率为 -131%，2016 年为 -47%，而 2017 年为 23%。左边直方图介绍了排名前三位的营收成本分别为收入分成、内容成本、服务器和带宽成本，以及各营收成本每年占的比例。

右边三个蓝色椭圆介绍了 2015 年运营开支占净营收的 73%，2016 年占 54%，而 2017 年占 28%。右边直方图介绍了排名前三位的运营开支分别为销售营销开支、一般行政开支、研究开发开支，以及各运营开支每年占的比例。

这张 PPT 采用不同的配色展示不同的财务数据，观众看起来会比较清晰明了。结构呈左右分布，很好地起到了对比的作用，这种排版布局方式是富有逻辑的，符合人的认知顺序，把听起来很复杂的财务数据直观清晰地表达出来，就算非专业人士也能迅速明白其中意义。

因为 PPT 内容较长，因此只截取了其中几张来讲解。总之，可以看得出这份 PPT 风格简约明朗，整体颜色以淡蓝、淡粉为主色调，给人一种很清爽的感觉，这其实和哔哩哔哩的 APP 主题颜色一致，同时也暗合了哔哩哔哩的运营主题，即主要为"Z 世代"提供内容服务，扁平化且活泼明朗的风格恰到好处。同时图表等模块化的表达使得内容丰富又不累赘，数据化可信度高，结构层次分明，思路清晰。

课后演练

1. 各位同学其实在学习、工作中或多或少已经接触过 PPT 的制作了，相信有些同学也有自己的 PPT 制作技巧，请大家互相交流，分享自己的 PPT 制作技巧或者小窍门，互相学习才能共同进步。

2. 在掌握一定技巧之后，各团队尝试将自己项目路演要展示的内容制作成 PPT。

要求：符合项目路演 PPT 制作的基本思路和原则；结合自身项目的基本特点运用不同制作技巧。

3.3 舞台意识

在项目路演过程中，项目路演者的舞台意识、演讲能力是至关重要的，必须要重点掌握。

3.3.1 熟悉项目路演的环境

一件事情的把握度和对它的熟悉度是呈正比的。做好充分的准备才能无所畏惧，这里充分的准备不单单是针对项目路演内容来说，对于项目路演整个过程中任何一项工作，项目路演团队都应该做好充足准备。在第一次面对众人唱歌或者项目路演时，大部分人都是会紧张的，这种问题的解决办法就是熟悉你要进行项目路演的场景。

事先了解项目路演环境，包括投影仪、话筒、翻页器等是否适合自己使用，把握度会随着对场景的熟悉度而提高，随之，紧张度也会降低。熟悉环境不只是熟悉场景、熟悉讲台，熟悉听众也是其中重要的一点。提前到会场跟听众聊天，了解一些他们的情况，大家彼此熟悉之后，在项目路演时就像是在和一群已经认识很久的朋友分享自己的想法，这可有效地降低紧张感。

3.3.2　打造项目路演者的形象

第一印象可以是一种力量，项目路演者给听众留下的第一印象非常关键。加州大学有一位叫海律比的教授，花了十年的时间去研究人与人之间的沟通，结果他发现，决定一个人给另外一个人的印象的，7%是这个人说的内容，38%是这个人说话的语气语调，55%是这个人的肢体语言、外在形象。所以，打造一个好的形象，不论是项目路演还是生活中都尤为重要。舞台形象可以分为静态形象和动态形象两种，如何打造一个好的项目路演者形象，主要从以下五个方面入手。

1. 站姿

男士和女士的站姿略有不同。男士的站姿需要双脚微微分开，脚尖向前或者稍微向外，两只脚分开的宽度不能超过肩膀的宽度，两只手握拳放在胃前，或者右手握拳，左手抓着右手的手背；女士的站姿要双脚并拢或者呈现丁字步，双手并拢放在小腹上。

注意事项：抬头挺胸；不要背对观众；不要抖腿；不要踮脚；不要把身子靠在桌子上等。

2. 走姿

在走路时步伐要稳，用踱步的方式来行走，但不要走动得过于频繁，走动速度也不要太快，走动时也要注意抬头挺胸，停下来的位置确保所有的听众都能看到你，往回走的时候要退步，不要背对观众，上身也不要来回晃动。

3. 表情

面部表情最容易吸引听众的注意，表情要自然，微笑代表一个人友善、自信，也更容易博得他人的好感，要时刻面向听众。同时表情的变化也会为项目路演带来视觉支持，表情的变化要结合说话的内容和节奏。

4. 眼神

项目路演时眼神坚定，不能飘忽不定，时刻保持和每个人的目光交流，紧张时多看台下支持你的人，但是不要长时间盯着一个人。不要看天花板、地面、窗外，尽量减少看投影屏的时间。

5. 服装

项目路演者的服装要体现对项目路演的重视，能够符合该场合需求即可，男士标准搭配为西装、衬衣、领带，女士标准搭配为盘发、淡妆、套装。衣服的口袋里不要放东西。上台前检查自己的衣服外套纽扣是否扣齐等。

3.3.3 掌握演讲技巧

好的开始是成功的一半，听众对你的第一印象取决于开场的感觉。开场首先要用洪亮的声音向听众问好，可以让听众把注意力放在你身上。例如："尊敬的各位领导，各位来宾，大家上午好/下午好/晚上好！"其次要感谢，这是一种礼节，可以感谢主持人的介绍，感谢主办方提供的机会，感谢聆听项目路演的现场观众。

1. 语气口语化

项目路演演讲是利用口语来表达的一种艺术活动。项目路演者不需要一味地咬文嚼字，这样会让项目路演过程变得枯燥乏味，听众没有继续听下去的兴趣。要在演讲中用适当的口语表达，让词语朴素顺口、通俗易懂。举例如下：

纪鹏程：轻资产，重价值

大家好，我是易点租 CEO 纪鹏程，下面由我介绍一下易点租。首先我们来看每年中小企业 IT 采购的现状，我国中小企业每年 IT 采购市场规模大概是 2 800 亿元，我们易点租做的是面向中小企业的 IT 办公租赁平台，我们以服务的方式提供硬件给我们的用户，就是现在常说的 HLS（Hardware Leasing Services，硬件租赁服务），同时易点租也是国内唯一一家办公计算机的租赁平台。

我们服务易点租提供哪些服务让用户选择呢？首先，易点租是一个免押金的平台，我们可以帮助用户省去一次性的投入。其次，易点租平台随借随还，我们的用户公司可以根据需要租赁，人多多租一些，人少少租一些，非常方便。最后，我们的价格非常便宜，我们普通的计算机租赁价格在每月 65～150 元，全新的计算机每月 150～300 元，非常实惠。此外，我们对所有出租的设备提供整机快换的服务。在座有很多创客，以一个 20 人的创业团队来说，如果采取购买计算机的方式一次性支出达到 8 万元左右，而租赁方式每个月完全可以用 2000 元的费用覆盖成本，那么我们可以节省大量的资源放在人员、营销上面，这具有非常高的性价比。

初创团队需要轻资产，传统企业需要轻资产吗？一般传统企业从购置、管理、中间运销等都需要耗费大量的人力、物力，采用易点租以后可以极大地帮助企业节省它的管理成本、资金成本，同时让企业更加省心。易点租的内生商业模式是企业的微小商业服务平台，我们成功地将企业计算机购买需求转化成了租赁，同时成功地实现把钱借给不缺钱的人，一般来说小额的现金贷款对正常的企业来说没有太大的吸引力，如果以轻资产作为切入，企业接受程度就非常高。

易点租有哪些核心竞争力保障我们的服务？第一，我们易点租的用户黏性非常强，大家也都知道，一般来说计算机是办公的工具，使用以后一般不会因为有其他的竞争对手而打折，大家都知道这种临时性的促销会让自己成本永久降低，大家一般不会更换供应商，在这种情况下，我们用户一般是只增不减的。第二，我们有自身的资产管理和资产处置能力，目前我们在北京地区具备了初步的核心部件的垄断能力。第三，我们有丰富的小微企业的风险管理经验，我们将银行的风控体系移植到易点租的平台，可以在线及时地给用户授信，非常方便。同时，还保证了我们上线 5 个月以来没有出现任何用户违约的情况。

这是我们上线至今的数据反馈，基本上我们每个月新增租出设备都要比上个月提高 1~2 倍，累积到今天租出设备 1500 台以上，每个月应收账款 23 万元左右。这是对我们付费用户企业做的大数据分析，按照企业的注册资金可划分为：100 万元占 1/3，100 万~500 万元占 1/3，500 万元以上占 1/3。其中 2010 年占 1/3，2010~2013 年占了 1/3，2014~2015 年占了一半。

创始团队成员共两位，一个是我（易点租的 CEO），另一个是我的合伙人张斌（自动化硕士，具有非常丰富的小微企业的风险管理经验）。

我们预计的租出量到 2016 年的 6 月可达到 11 万台左右，资产规模可达到 3 亿。本轮我们打算融资 2000 万美元，主要从四方面考虑：第一，改善库存的周转和现金流；第二，改善销售能力和市场能力，我们将在北上广深及成都建立超过 200 人的销售队伍；第三，增强管理能力，我们将建立更好的质量管理人体系；最后，要把我们的平台建立成为一个全品类的功能完备的租赁商城。

关于易点租的介绍就到这儿，这是我们易点租的公众号。

纪鹏程的演讲里充分体现出通俗流畅的风格，没有出现过多的生僻字和专业性词语。在介绍用户为什么选择易点租时，他没有使用专业性数据说服投资人，相反是采用了简单直接的换算方式来介绍，让大家一听就能明白。同时，他的演讲稿长句比短句要少，用形式简短的短句更能突出产品的特点和企业的优势，也能给投资人留下深刻的印象。

2. 声音吸引人

项目路演者对声音抑扬的把握是吸引听众的利器。项目路演者如果有好的声音，听众就会认真听，不会抗拒；相反，就会对听众产生催眠作用。

一位语言大师曾经说过，人的容貌和声音是决定一生成功与否的关键。动人的谈吐远胜于厚重的化妆品粉饰的外貌，它能表现一个人美好真实的个性，它可以使一位平常的男子变得异常出众，可以使一位不太迷人的女士看上去有魅力。

在进行项目路演时声音要洪亮，吐字要字正腔圆，不能让听众由于你的发声低或者不清楚而听不到你的内容。当然，音量变化要自然，不能单调或者过高。语速也要快慢搭配，不能一直讲得很快或很慢，否则会导致听众的注意力不集中。

3. 手势要自然

项目路演，不仅要讲出来，更要演出来。这时就可以使用一些手势辅助表达。好的手势和表演会给项目路演演讲大大加分。在使用手势时要注意不能用手指或激光笔指人；不要做小动作和不文明的手势；不要长时间保持同一个手势，动作要放开。以下是几种常见的手势：

打开——展示、欢迎、问好
前推——激昂、递进、向前
画线——列条理、要点
上指——上天、上面、注定
捏点——核心、重点、细小
上托——邀请、介绍、指向
下压——使安静、使放心
画圈——大量、合作、融合
握拳——力量、强大、战斗
摆手——否定、拒绝、谦虚

4. 感情要饱满

项目路演者掌握了技巧是不够的，要调动真情实感，讲出内心的想法。项目路演是文字、语言、身体的沟通，也是心灵的沟通。很多人肢体语言生硬，语气语调没有变化，这就是放不开的表现。调动感情首先要把自己的内心打开，让自己把情绪在项目路演过程中表现出来，可以多寻找一些情感比较强烈的故事进行练习，让自己慢慢学习调动情绪，也可以在项目路演时播放一些符合内容的背景音乐。

5. 演练要正式

成功是百分之九十九的汗水加上百分之一的灵感。还记得自己学骑自行车时练习了多少次吗？记得自己当初为学会写一个字练习多少次吗？台上一分钟，台下十年功，无数的汗水与努力，才能收获灿烂与辉煌。

说到高尔夫球界，大家应该都听说过一位明星——"老虎"伍兹，他曾经获得14个大满贯冠军，71场职业赛事冠军。他的秘诀是什么？就是练习、练习、再练习！4岁的时候，伍兹的父亲为伍兹专门请了一个高尔夫教练。6岁时，伍兹开始走上赛场与其他青少年球手同场竞技，在那个年纪便已令人刮目相看。冠军之路就是这样一步一步练习出来的。

无独有偶，另一位世界冠军——哈萨克斯坦名将，女子举重75公斤级"女皇"波多别多娃，在谈及自己成功的秘诀时说："我的秘诀就是：练习、练习、再练习！"

演说公社的创始人魏子捷老师最喜欢这句话："从菜鸟到高手的距离，就是刻意练习。"无论他去哪个地方做演说，他一定会提到这句话。

在项目路演练习时，有些人并不够认真，在脑海里想一些手势或是讲两句停一下，这样的练习是没有意义的。练习的时候就要像对待正式演说一样认真，要计时后再开始讲，可以对时间有良好的把控。讲的时候中间不能停顿，说错了也不要重来，就算忘词了也要自己临场应变。练习的时候也可以找一个听众，这样的练习才能有意义和效果。

课后演练

1. 观看至少五个优秀的演讲视频。主要观察这些演讲者的演说形象、技巧、表达等，你认为他们有哪些值得学习的地方？有哪些需要改进的地方？对比分析，归纳总结成文档，并和其他同学分享。

2. 团队讨论，选定一位口才、形象俱佳且充分熟悉本项目的相关业务知识的同学，担当本项目团队的项目路演者。

3.4 如何回答投资人的问题

初创企业寻求融资时，难免会被投资人问到一系列"套路"问题。从投资人的角度来看，这些问题的答案就是他们做出初步投资判断的决定因素。对初次参与融资的创业者来说，了解这些常见的问题，并准备好"标准答案"，才能为融资成功奠定坚实的基础。

从"套路问题"到"标准答案"，其中经历了什么？项目路演者又需要注意哪些问题？（见图3-18）

图3-18 从"套路问题"到"标准答案"

3.4.1 注意态度

在回答投资人问题时，要注意如下几点。

1. 态度先行，谨言慎行

学会尊重他人是第一位的，和投资人对话态度要和缓，品行要谦虚。切忌恃"产品"而骄，要以理服人，以情感人，注意礼貌语言的运用，使投资人感到言语亲切、动作自然、态度真诚。

2. 秉持主见，一分为二

首先是不能人云亦云，不能完全沿袭别人的回答。

其次是不能因为投资人提出的带有否定倾向的问题而降低自己对产品或项目的信心，也不能因为别人的夸赞而盲目自信。否则会抹杀了自己的认知观念，使投资人感到项目路演者缺乏分析问题的能力，无主观见解。

3. 不盲目，不盲从

当投资人的问话内容不清楚、不全面、不完整时，项目路演者在未完全理解问题时不要盲目地快速回答，而应该让对方把问话说清楚，以帮助自己理清思路。也不要一味顺着投资人的意思往下回答，以免被"套路"或"掉坑里"。

3.4.2 投资人问题类型

总体上来说，在项目路演过程中投资人提出的常见问题大致分为两类，见表3-2。

一是一般性问题。由于常规投资者并非精通所有行业，他们缺少该类型的项目经验，也非该产品项目的相关专业出身。

二是具体业务问题。这些问题出自于对该项目领域比较熟悉、有相关项目经验或者相关专业出身的投资者。而这些问题又不外乎涵盖了这些类型：项目核心类、客户类、价值类、竞争类、团队类和运营类等。

表3-2 常见的投资人问题类型

问题类型		列举问题
一般性问题（常规投资人，缺少该类型项目经验，非该产品的相关专业）		
具体业务问题（投资人对该项目领域比较熟悉，有相关项目经验或者相关专业出身）		
总体分类	核心问题	项目核心价值 产品核心竞争力 项目主体内容
	客户问题	获客方式来源 项目对潜在客户的短期和长期价值 潜在客户对项目的需求
	价值问题	项目对投资人的短期与长期价值 项目对社会的短期与长期价值 项目的投资回报计划
	竞争问题	项目的竞争对手 项目的市场竞争策略
	团队问题	项目团队的精神面貌与能力 项目团队的情感深度与契合程度 团队运营项目的核心能力
	运营问题	宏观政策与社会形势对项目的有利因素 项目风险的概率与规避方法 项目运营的稳定性与持续性

根据投资人问题分类，在整合了互联网相关资料和真实项目路演经验之后，列举以下 20 个常见的具体问题并给出合理应答方向，供项目路演者/创业者参考借鉴。

Q1：为什么要创业？

创业者首先要搞清楚创办这个企业的原因，很多人是因为一些错误的原因而开始创业，或者说他们根本不知道为什么要创业。而投资人必须要确认创业者对这个问题是经过深思熟虑的。这个问题考验创业者的创业动力，要让投资者看到创业者的强大动机，充满自信心且激情饱满。

Q2：如果用一句话（或 30 秒）来描述你们所做的产品或服务是什么，你如何来描述？

这是一个关键性的问题，是每一个团队都要准备好答案的问题，不论投资者是否会问，创业团队的每一位成员都要有一致的答案。

创业者需要在做过充分调查的情况下才能得到反馈，用一些定位模糊宽泛的词汇来描述产品是不具备说服力的。创业者需要阐述清楚产品或者服务解决的是什么问题，并且这个问题存在于大型的可量化市场中。

针对这个问题，创业者要尽可能多地与潜在用户展开交流，加大调查频率和力度，并且多举行产品或服务小组座谈会。当投资人问到这个问题时，创业者能够利用潜在用户的感兴趣程度，以及他们感兴趣的点等相关细节来落实答案。

Q3：产品解决了市场什么问题？

产品或者服务是初创企业的核心资产，向投资人深入全面地阐述产品是每个创业者必须掌握的技能。而产品真正的技术层面，投资人只想知道个大概，他们真正关心的是，这个产品解决了目前市场的什么空缺。因此，创业者要强调目标客户群体和客户需求，也就是说为什么目标客户会购买这个产品。

了解目标受众的消费兴趣和购买模式对创业者来说是非常重要的，初创企业要调研相关信息会耗时耗力，但是这一步骤是不能忽视的。基于市场调研的结果，结合产品或服务，得出产品对于市场的作用和价值，这就是回答投资人这个问题的"标准答案"。

Q4：单元市场有多大？

创业者对自己的产品或服务的市场有多了解，决定了投资人的风险大小。面对这个难题，创业者必须要证明自己的产品或服务有或者能够创造一个足够大的市场。

为此，创业者必须获取可信的市场调查结果来证明"池塘里有非常多饥饿的大鱼"，再将调查结果的数据细化到产品或服务在市场上需要达到多少用户，又需要多少用户才可以达到每年、三年或五年的毛利润目标和纯利润目标等。

Q5：商业计划书中的数据现实吗？

创业者在商业计划书中会使用到各种数据图表，包括财务数据和销售预测等。可以理解，创业者想让自己的项目看起来前景一片光明，但是投资人想看到的是没有水分的真实数据。

对于没有历史数据的初创企业来说，投资人对企业的持续发展和快速增长尤为关心。创始人要让投资人明确最后能获得高额的利益回报以及提出一个清晰的退出策略，给投资人铺好退路，让他们安心"上车"，才是创业者最应该做到的事情。

Q6：产品有什么特别之处？为什么在解决这个问题上，该产品可以做得很好？

创业者的产品和同行业产品有什么不同？尤其是对于市场中已经出现的产品，为什么可以在上市之后让消费者选择购买创业者的产品？对此，创业者需要向投资人解释清楚产品营销的策略，在具体的时间轴上阐明如何让产品落户市场并快速增长。创业者应明确知道，没有一个营销策略是可以一成不变从头用到尾的。在任何变数出现的时候，比如说新的竞争者或者市场大环境变动等，创业者都需要对营销策略进行相应的调整，可以是售价变动，也可以是性能提升等，能够长期维持目标受众的购买力。最好的情况是，创业者能在变动真正发生之前规划好策略，以备不时之需。

Q7：创业者和团队有什么过人之处？

当创业者向投资人推销自己项目的同时，也是在推销自己。投资人选择项目做投资，也是在投资创业者和创业团队。

创业者要向投资人表明自己过往的成就以及在创办企业上的能力。而对于初创团队的介绍要挑选重点亮点，不是每个人都值得让投资人花时间来了解的。如果有行业专家，或者大企业出来的高管，这就是加分项。但如果只是一群甚至没有工作经验的大学生，那么就没必要多说了。

即使是初次创业没有经验的"小白"，也要让投资人看到创业者对于项目的热情和信心。如果对自己的"孩子"都不能报以足够的信心，又怎么说服别人相信项目会成功呢？

Q8：核心团队是什么样的？

投资人对创业团队要求会很高，他们希望核心团队成员是业内经验丰富、履历显赫且具备营销、财务、管理等方面知识的专业人士，能够在市场领域显示出足够的可信度。在这种情况下，即使核心团队还不够完善，创业者也一定要展现出具备吸引符合并能够执行商业计划的专业人才的能力。

Q9：对竞争对手了解多少？

向投资人详细介绍创业者对项目竞争对手的全面了解和分析，一方面，能让投资人知道创业者对整个市场的环境是有深入了解的；另一方面，也能给投资人分析企业计划如何赢过竞争对手立足市场。

避而不谈绝不是聪明的做法，如果完全不提竞争对手，要么投资人觉得创业者对市场环境没有客观了解，要么投资人会觉得创业者可能还没有制胜之道。而如果过度贬低竞争对手，夸大自身，这种做法也是不可取的。

Q10：竞争对手是谁？如何击败他们？

竞争对手任何时候都会存在。很多时候，创业者面对的竞争对手可能由于领域不同竞争不够直接，但很可能正致力于覆盖创业者的产品的功能。

因此，创业者务必要了解清楚竞争对手，再结合他们的产品或服务性质与自己的东西进行对比，对他们有清晰的认知，并且确定自己在哪些方面与众不同。最后一定要展示出自己足以保持领先地位的解决方案。

Q11：拥有的付费客户有多少？

这个问题能够决定产品或服务是否有人在乎，所以一定要展示出已经为产品付费的客户，并且展示出在各个区域还有很多潜在的可以付费的用户。

在创业者还没有搞定付费用户的情况下，如果拥有体验过测试销售的客户，就需要调查清楚他们为什么会对这个产品以及与之相关的临时数据感兴趣。

Q12：客户获取的计划是否准确？客户来源是否稳定？

很多情况下，经验不足的创业者会借助非专业的图表来展示数据，并信誓旦旦地声称，如果×年内在市场营销方面投入××万元，将会为企业带来多可观的客户。这对投资人来说无异于画饼充饥，其设想也基本不会实现。

因此，创业者需要借助更专业的趋势曲线图和调查数据等来证明客户获取计划切实可行。专业的数据、图表一般来自于行业内专业的分析师、商业咨询机构、权威数据报告等。而缺少经验的创业企业，可能因为缺少专业人士的指导，自己做出来的数据、图表或者报告不能令投资者信服。就像一篇新闻来自《人民日报》，一篇来自不知名的自媒体，人们自然倾向于相信《人民日报》的新闻，这就是专业与权威的重要性。

Q13：获客成本如何？获客方式是否合理？

获客成本大大影响项目的赢利及投资回报，这是投资者非常关心，经常提起的问题之一。创业者应进行详细的介绍。

Q14：达到了什么样的里程碑？

在项目路演中，创业者应该充分展示出自企业创建以来具有代表性的重大事件、已经达成的成果以及对未来的清晰规划。例如，产品开发是否迅猛，迭代到了哪一步？客户获取速度如何，已经有多少稳定客户量？这对展现创业者的战略眼光、规划以及领导、执行能力意义重大。另一方面，创业者回答这个问题的时候，可能会被投资者指出其目标客户不清晰，想做的事情太多或者想实现的功能太多等不足。这些问题，是每个项目团队都要不断思考的问题，创业项目切记不要"大而全"，而要"小而美"，不要动辄就要改变世界，先从一个小的机遇把握，从一个小的改变做起。

Q15：要融多少钱？为什么要融这么多钱？

创业者需要提供足够精确的数据和方案来支撑自己的融资金额需求。然而，大多数创业者都会低估这个数额。如果当初做了一个为期半年的融资，但实际上3个月就把钱花光了，投资人必然难以接受，更何况他甚至还没看到什么实质性的进展。

Q16：拿到钱了准备怎么用？如何利用资金？

这个问题涉及创业企业的财务计划，基本上是投资人必问的。就像家长给孩子零花钱，总要问清楚孩子是怎么花的，多长时间花完的。

初创企业创始人必须要有一个全面的商业计划。融多少钱，钱怎么花，要花多长时间，这都是在见投资人之前就要准备好的答案。给投资人一个真实可行的计划，并且要提到以后是否还会有融资的计划，这会让投资人认可创业者对未来是有规划的。回答这个问题，创业者必须要提供客观的资金时间轴，能让投资人对创业者产生信任。

如果产品开发已经完成将是最好的情况。这样，筹集到的资金就可以专注于市场营销方面。如果是将投资人的钱用到偿还债务或者无关紧要的管理事务上，那么投资人多半是不会投资的。如果当前筹集到的资金得到了良好的应用，那就为下一轮融资做了最佳佐证；否则，让投资者以为创业企业只是急需用钱，那么他们会认为创业企业会有破产倒闭的风险，这将会很难筹集到下一轮资金。

Q17：除了钱，还希望投资人给予什么支持？

对于这个问题，创业者只要对潜在投资人做足够深入的调查自然会得到答案。

针对投资者能提供的帮助或资源，创业者可以提出合理需求。对于首次创业的创业者，尤其是懂技术、懂业务但是管理经验不足的创业者，聪明而大胆地向投资人求助是一个好的策略。投资人希望自己所投资企业的创始人在面临挑战时更加透明，并主动求助。除了资金，好的投资人其实有意愿也有能力在其他方面帮助创业者，毕竟创业企业成长得越好，投资人获得的回报越多。

Q18：投资人最后怎么挣钱？如何为投资人提供最大的利润回报？财务退出机制如何？

关于这一点，其实在项目路演的前期阶段就要阐述清楚，这也是投资人给创业者说话机会的最大原因。一定要表现出对自己的财务状况有清晰的认知和深刻理解，并且收支模式合理且可信。

除了介绍项目之外，创业者必须要给出清晰的商业模式，也就是企业怎么赢利。投资人对他们的 ROI[①] 是非常在意的，也是决定是否投资的重要因素。只有创业者能用数据或者市场分析来证明项目最终可以获利并且在市场上占有一定份额，能让投资人成功拿回投资并且获得高额回报，才能让投资人有兴趣继续与创业者进行下一步沟通。

投资人可以很快判断创业者提出的退出方案是否可行，就算创业者提出的方案对投资人来说可能是很幼稚的，但是有这样的意识能让投资人认为创业者至少是站在投资人的角度考虑的。不要放弃任何一个给投资人留下好感的机会，因为说不准投资人会因为对创业者的些许好感就做出不同的决定了。

Q19：项目投资风险如何？风险点具体在哪里？

这个问题最好是有投资人问了就诚实回答，没问的话也没必要主动提出以免降低投资人信心。其实投资人当然清楚每个项目都会有竞争对手，也都会有各种风险，能够收到诚实的回答会让潜在投资人更放心，觉得创业者对他们从容说明了事实，自己也能坦然面对现实。同时，项目路演者要给出相应的未来规避或降低风险的思路、方案。

Q20：项目的政策支持情况如何？

项目路演者要善于利用国家或地区政策、发展规划、法律纲要等为自己的项目背书。这些政策会推动本行业发展，引领趋势，支撑着自己的项目前进。

[①] ROI（Return on Investment），投资回报率是指通过投资而应返回的价值，即企业从一项投资活动中得到的经济回报。

3.4.3 回答技巧

在一般情况下,投、融双方对话都是开诚布公的,围绕着业务情况,以及投、融需求等方面的中心问题展开话题。但是,在较为特殊的情况下,可能会遇到意外的或难以解答的提问、出乎意料的申述、咄咄逼人的辩论等。为了达到更好的语言交流效果,既不得罪投资人,又能巧妙应答,就要正确运用一些回答技巧。一般有引申转移法、巧妙闪避法、含糊其辞法等。

1. 引申转移法:以其人之道,还治其人之身

在交谈中,有投资人为了考验项目路演者的临场应变能力、社会交际能力,可能会向其发难,把项目路演者置于窘境,这时就需要应变。这种应变,难就难在既要解决这个问题,又不能失礼。例如,你这个项目凭什么值这么多钱?你这产品才刚研发出来看不到前景?

法拉第是英国著名的物理学家和化学家,他常常百折不挠地做一些表面上和社会生活并不相关的科学实验。当法拉第最初发现电磁感应原理的时候,有人冷嘲热讽地问他:"这个原理对我们的生活有什么用呢?"法拉第马上反问对方:"刚生下来的婴儿有什么用呢?"对方听后,哑口无言。

法拉第没有正面回答,而是采用引申转移法,让其哑口无言。

2. 巧妙闪避法:避实就虚,巧妙推托

若是投资人问到了你实在不便回答的问题,就要学会巧妙推托。可以用资料暂时不全、向团队请示等理由拖延答复,但是在项目路演结束后,一定不要忘了还是要组织好答案去回复投资人。

1984年,美国时任总统里根在访问我国期间,曾去上海复旦大学与学生见面,有一个学生问里根:"您在大学读书时,是否期望有一天成为美国总统?"

里根显然没有预料到学生会提这样的问题,但这位政治家颇能随机应变,只见他神态自若地答道:"我学的经济学,我也是个球迷,可是我毕业时,美国的大学生有1/4要失业,所以我只想先找个工作,于是当了体育新闻广播员,后来又在好莱坞当了演员,这是50年前的事了。但是,我今天能当上美国总统,我认为早先学的专业帮了我的忙,体育锻炼帮了我的忙。"

里根的回答闪避了问题的实质性，但又围绕提问而展开，较好地应付了对方的难题。

3. 含糊其辞法：不把话说"死"

在一些不必要、不可能或不便于把话回答得太实太死的场合，项目路演者可以利用"模糊"语言让表达更有"弹性"。面对可能怎么回答都不对的问题，聪明的项目路演者通常会想办法巧妙地避开。

北宋王安石的儿子王元泽幼年时，有一位客人知其不辨同笼的獐和鹿，却故意问他哪一头是獐，哪一头是鹿。王元泽不慌不忙，沉着答道："獐旁边的那头是鹿，鹿旁边的那头是獐。"王元泽虽年幼，却知道模糊语言的作用，机智地用模糊语言为自己解了围，显示了他的应变能力。

项目路演中可能会碰到一些从来没遇到过的棘手问题，没有标准答案或者模板来回答，全靠临场应变能力。这时候就要学会一些巧妙回答棘手问题的技巧，例如，可以采用类比的方式，借助事实说话；可以借助动作（如喝水、反问投资人）拖延时间以思考问题答案；可以含糊其辞地适当回答，总之一定不要让对方抓住逻辑表达过程中的漏洞。

 课后演练

1. 组织一场班级范围内的项目路演模拟实战。老师及每个学生团队选派一个代表，充当台下的投资者。各团队依据前面学习的内容准备项目路演 PPT，由各项目路演者依次上台向台下的"投资人"推介自己的项目。

2. 模拟项目路演之后，要进行总结与反思，各个团队要反思自身的问题，对其他团队也要提出问题与建议，指出不同团队的优点与缺点。

第 4 章
典型案例复盘,让你走出"雷区"

 本章导读

通过学习前 3 章的内容,相信同学们已经了解了什么是项目路演,它应该涵盖哪些内容,并且各个团队可以分工合作做好自己的项目路演。在学习或者模拟实战练习的过程中,可能会遇到各种各样的问题,而且将来如果有同学真正地走上项目路演之路推介自己的项目,可能还会碰到"雷区"。本章将融合几个典型项目路演案例,提醒项目路演团队需要着重避免的几个"雷区",以期让创业团队在成功融资的项目路演之路上更加顺利。

本章重点:通过复盘典型案例,认识项目路演中的重点"雷区"。

本章难点:如何走出或者避免项目路演中的重点"雷区"。

学习目标

1. 认识并了解项目路演中的重点"雷区"
2. 掌握避免陷入项目路演"雷区"的方法,并能应用到实践中
3. 领会复盘案例的一般方法,发现更多项目路演"雷区"

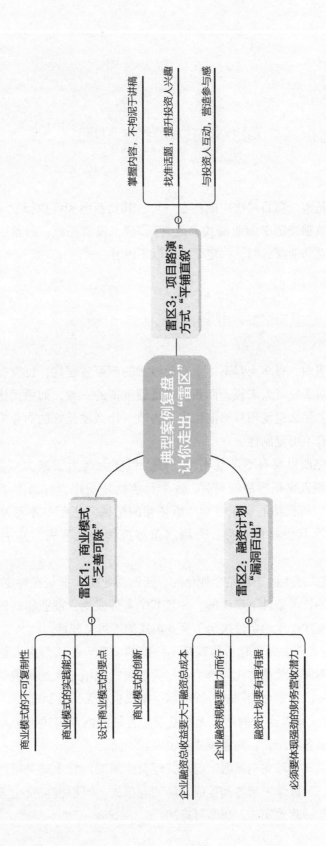

4.1 雷区1：商业模式"乏善可陈"

商业模式是整个项目路演中的核心一环，其创新型和可执行性至关重要，很多项目路演的失败都来源于商业模式"乏善可陈"，没有亮点，很难引起投资人的兴趣，因此在设立商业模式时，一定要注意以下内容。

4.1.1 商业模式的不可复制性

在项目路演中，很多人都不注重商业模式的不可复制性，也没有体现出商业模式的创新性。对于投资人来说，商业模式是最重视的一点，如果无法给投资人提供好的商业模式，那么这场项目路演注定会失败。什么才是好的商业模式呢？其实很简单，就是具有不可复制性。

商业模式之所以要有不可复制性，很大程度上是为了减少市场竞争的压力，当你能做到，别人也很容易做到时，这个行业就是一片"红海"了。商业模式赖以产生的环境、所根植的商业哲学、所依赖的运营队伍都是不可复制的。任何商业模式都应具有其独特的一面，否则就很难持续发展下去，其主要体现在以下几点。

1）商业模式产生的土壤是个性化的。任何商业模式都是在特定的社会、时间、地点以及特定的技术条件下产生的。一旦某个条件改变，商业模式的根本也就改变了。所以商业模式产生的条件决定了商业模式的不可复制性。

2）商业模式产生的文化价值观是不一致的。商业模式是由人创造的，而人与人之间最大的不同点就是文化与价值观。商业模式根植于人的价值观，人的价值观就像指纹一样是没有完全相同的，因而商业模式也是无法复制的。

3）商业模式赖以运营的队伍无法复制。再好的商业模式都是人打造并维持运营的，运营成员各有所长，商业模式肯定也就不同。

虽然商业模式不可完全照搬，但是其运营所需要的技术却是可以复制的。对于初创企业来说，可以学习借鉴其他成功的商业模式，再根据自身企业的性质做一定的调整，只要能够落地实施，也是可行的。

4.1.2 商业模式的实践能力

一个成功的商业模式是不可复制的,不仅让别人难以模仿,还应具有实践能力。所以,企业在打造不可复制的商业模式时,一定要把重心放在"商业模式的实践能力上",这其中又包含两个方面,商业模式转变为现实的速度以及商业模式运营的效率。

1)商业模式转变为现实的速度。国内很多行业领域的创新能力不足,因此跟风现象非常严重,只要出现了一个新的、成功的商业模式就会群起效之,导致这个行业从"蓝海"变成"红海",产生激烈的同质化竞争。这种情况该如何处理呢?这就要看企业能否系统地规划好商业模式实施所需的各种策略组合、资源与能力的配备、组织和队伍等;还要把握好实施的节奏,打造自己的整体运营系统,从而达到"一步领先,步步领先"的效果。

2)商业模式运营的效率。商业模式就是赢利的方法,商业模式界定了利润的来源、构成、水平等。运营效率涉及商业模式的所有方面,包括产业链上下游、企业的合作伙伴、企业内部各部门,由这些个体组成的整体效率与协同效率,能够打造真正可落地实施的商业模式。

4.1.3 设计商业模式的要点

1)商业模式没有标准设计。有专家提出了设计商业模式的方向,如固定成本结构到可变成本结构,从重资产到轻资产等。既然简单复制的商业模式很难成功,那么是否可以利用一些既定原则设计出好的商业模式呢?可以,但是一定要明白商业模式并不存在"放之四海而皆准"的设计规则。不从具体的情况出发,按照准则设计出的商业模式是无法持续赢利的。

2)互补性最重要。要想发挥商业模式的最大价值,关键还在于各核心构成要素之间的互补性。互补性是指各个构成要素之间必须具备相互强化的作用。单个构成要素,不管是成本结构还是赢利模式,或是利益相关者的多元化程度,都无法支撑起一个成功的商业模式。只有对各个要素进行合理的搭配,让它们相互补充,互为利用,才能让商业模式赢利。商业模式核心构成要素包括战略定位、关键资源能力、业务系统、现金流结构、赢利模式和企业价值，如图4-1所示。这些构成要素是怎样互补运行的呢？

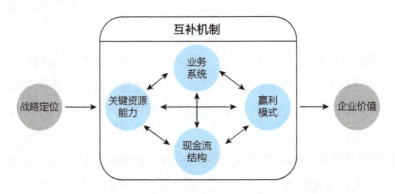

图4-1 商业模式的互补性

战略定位是企业战略选择的结果，是其他几个构成要素的起点。战略定位需要考虑三个方面，即长期发展、利润增长和独特价值。"定位"也是作为整个商业模式的支撑点，同样的定位可以有不一样的商业模式，同样的商业模式也可以实现不一样的定位。

关键资源能力提供业务系统运转所需要的重要资源。任何商业模式构建的重点工作之一就是了解业务系统所需要的重要资源和能力有哪些、如何分布，以及如何获取和建立。不是所有的资源和能力都同等珍贵，也不是每一种资源和能力都是企业所需要的，只有和战略定位、业务系统、赢利模式、现金流结构相契合、并能互相强化的资源和能力，才是企业真正需要的。

业务系统是指企业达到战略定位所需要的业务环节、各合作方扮演的角色以及利益相关者合作方式。企业围绕战略定位所建立起来的业务系统将形成一个价值网络，明确了客户、供应商/其他合作方在通过商业模式获得价值的过程中扮演的角色。

现金流结构是指企业经营过程中产生的现金收入扣除现金投资后的状况。不同的现金流结构反映了企业在战略定位、业务系统、关键资源能力以及赢利模式方面的差异，决定了企业投资价值的高低、投资价值递增的速度以及受资本市场青睐的程度。

赢利模式是指企业获得收入、分配成本、赚取利润的方式。赢利模式是在给定业务系统价值链所有权和价值链结构的前提下，相关方之间利益的分配方式。良好的赢利模式不仅能够为企业带来利益，还能为企业编织一张稳定、共赢的价值网。

企业价值是指企业的投资价值，是企业预期未来可以产生的现金流。企业的投资价值由其成长空间、成长能力、成长效率和成长速度等因素共同决定。

总之，商业模式的六个要素是互相作用、互相影响的。相同的战略定位可以通过不一样的业务系统实现，同样的业务系统也可以有不同的关键资源能力、赢利模式和现金流结构。这些要素的聚合作用，构成整个商业模式互补的、协同的运作机制。

4.1.4 商业模式的创新

商业模式创新是指企业价值提供基本逻辑的创新变化，它既能包括多个商业模式构成要素的变化，也能包括要素间的关系或者动力机制的变化。

在项目路演融资中，商业模式创新就是企业向投资人展示自己如何以新的、有效的方式赢利。商业模式创新作为一种新的创新形态，其重要性已经与技术创新并驾齐驱。近几年，商业模式创新也成为我国项目路演融资最重要的展示内容。

由于商业模式构成要素的具体形态表现、相互间关系及作用机制的组合是没有限制的，所以，商业模式创新的企业也有无数种。不过，不管如何变，商业模式创新有3个要素是必须具备的：

一是提供全新的产品或服务、开创新的产业领域，或以前所未有的方式提供已有的产品或服务；

二是其商业模式至少有多个与其他企业不同的明显要素，而非只是细微的差异；

三是有良好的业绩表现，主要体现在成本、赢利能力、独特的竞争优势等方面。

1. 商业模式创新的特点

1）以用户为本。商业模式创新必须要从用户的角度思考并设计企业的行为，要以为用户创造价值作为出发点。用户需求是思考商业模式创新逻辑的起点，商业模式创新要重点考虑如何有效满足用户需求。

2）商业模式创新不是单一因素的变化。它常常涉及商业模式多个要素，需要企业组织的较大战略调整，是一种集成创新。商业模式创新不仅只是体现在产品、工艺或组织的创新，往往也体现在服务的创新，表现为组织性与细节性方面的创新变化。

3）开创难以被人模仿的新领域。从绩效表现看，商业模式创新如果提供全新的产品或服务，那么它可能开创了一个全新的、可赢利的产业领域。传统的创新形态能带来企业局部效率的提高和成本降低，但是它容易被人模仿。商业模式创新既能提高企业效率、降低企业运行成本，又由于它更为系统和根本，涉及多个要素的同时变化，因此难以被竞争者模仿，常给企业带来战略性的竞争优势，而且优势常可以持续数年。

2. 商业模式创新的方法

商业模式创新就是对企业的旧有基本经营方法进行变革，一般有改变收入模式、改变企业模式、改变产业模式和改变技术模式四种方法。

1）改变收入模式。是指改变一个企业的用户价值定义、相应的利润方程或收入模型。其改变的切入点是用户的新需求，并不是指市场营销范畴中的寻找用户新需求，而是从更宏观的层面重新定义用户需求，即去深刻理解用户购买你的产品要实现的目的是什么。

国际知名电钻企业喜利得公司（Hilti）就从此角度找到用户新需求，并重新确认用户价值定义。喜利得一直以向建筑行业提供各类高端工业电钻著称，但近年来，全球激烈竞争使电钻成为低利标准产品。于是，喜利得通过专注于用户所需要完成的工作，意识到他们真正需要的不是电钻，而是在正确的时间和地点获得处于最佳状态的电钻。

然而，用户缺乏对大量复杂电钻的综合管理能力，经常造成工期延误。因此，喜利得随即改动它的用户价值定义，不再出售而是出租电钻，并向用户提供电钻的库存、维修和保养等综合管理服务。

为提供"在正确的时间和地点获得处于最佳状态的电钻"的用户价值，喜利得公司变革其商业模式，从硬件制造商变为服务提供商，并把制造向第三方转移，同时改变赢利模式。如今，喜利得为全球建筑行业提供高品质的技术领先产品和产品系统，并提供具有创新解决方案和超高附加值的专业服务，在针对建筑行业的专业客户，研发、生产并销售高附加价值的产品等方面处于世界领先地位。

2）改变企业模式。指改变一个企业在产业链的位置和角色，也就是说，改变其价值定义中"造"和"买"的配比。一部分由自身创造（make），其他由合作者提供（buy）。通常，企业的这种变化通过垂直整合策略或出售外包来实现。

IBM 即国际商业机器公司，是计算机产业长期的领导者。在 20 世纪 90 年代初期意识到个人计算机产业无利可寻（1993 年 1 月 19 日，IBM 宣布 1992 会计年度亏损 49.7 亿美元，这是当时在美国历史上最大的公司年损失），即出售此业务，并进入 IT 服务和咨询业，同时扩展它的软件部门，一举改变了它在产业链中的位置和它原有的商业模式。

3）改变产业模式。这是最激进的一种商业模式创新，它要求企业重新定义本产业，进入或者创造一个新产业。

亚马逊是美国最大的网络电子商务企业，是网络上最早开始经营电子商务的企业之一，现在是全球商品品种最多的网上零售商和全球第二大互联网企业。

亚马逊将商业模式创新向产业链后方延伸，为各类商业用户提供物流和信息技术管理等商务运作支持服务（Business Infrastructure Services），向它们开放自身的20个全球货物配发中心，并大力进入云计算领域，成为提供相关平台、软件和服务的领袖。

4）改变技术模式。技术变革是商业模式创新主要的驱动力之一。企业可以通过新的技术来主导自身的商业模式创新。如近些年来年涌现的众多"互联网+"企业，就是引进互联网技术进行商业模式创新。

小米公司的成功就在于对技术创新和商业模式创新的执着追求。2013年8月23日，小米完成新一轮融资，估值达100亿美元。小米取得成功的关键原因就是小米重视MIUI手机操作系统自主研发，对硬件、软件、互联网服务协同推进，打造了"高配置+低价格+全互联网推广"的商业模式。

3. 商业模式创新的维度

上述四种商业模式创新方法是从具体方法的角度介绍了创新商业模式的策略及相关案例，侧重于应用一些外在的方法策略去推动变革商业模式。从企业内部本身运行机制，可发掘创新商业模式的四个维度，分别为点、线、面、体。

在商业模式这一价值体现中，企业可以通过改变价值主张、目标用户分销渠道、用户关系、关键活动、关键资源、合作伙伴、收入流、成本结构等来创新商业模式。也就是说，企业任何环节上的创新都可能导致商业模式上的创新。

1）点：战略定位是商业模式的起点，所以这个点就是战略定位创新。其创新内容包括企业价值主张、目标用户以及用户关系，具体指企业选择什么样的用户、为用户提供什么样的产品或服务、希望与用户建立什么样的关系，其产品和服务能向用户提供什么价值等方面的创新。在激烈的市场竞争中，没有哪一种产品能够满足用户的全部需求。战略定位创新可以帮助企业发现有效的市场机会、提高企业的竞争力。

做好战略定位创新需符合三个前提：
第一，企业要明确目标用户；
第二，企业如何让自己的产品和服务在更大程度上满足目标用户的需求；
第三，分析选择何种用户关系，合适的用户关系能让企业的价值主张更好地满足目标用户,这要在前两者的基础上进行。

王老吉将产品定位于"饮料+药饮"这一市场空隙,抓住广大顾客"怕上火"的用户痛点,提供"喝王老吉"的解决方案。不同于以往饮料行业只在产品口味上创新,王老吉将企业战略定位于创新产品功能,这样的商业模式最终使王老吉获得成功。

2)线:价值链条创新,一个完整的产业价值链包括原材料供应、研发、生产、制造、销售等环节,如果考虑到横向的合作伙伴或者相邻产业链,则企业的利益相关者就更多了。这些利益相关者之间存在利益竞争、利益共享或者风险共担等关系,充分分析这些关系,可以为商业模式创新提供突破的机会。

一方面,企业要分析在价值链条中自己拥有或希望拥有的无法替代的关键能力,然后根据这个能力进行开发和配置。

另一方面,如果企业在价值链条中拥有了某项关键资源,如专利权、话语权等,就可依此制订关键活动(如上下游企业之间的合作、收购、兼并等)。对关键能力和关键资源的创新必将引起收入源以及成本的变化。

20世纪80年代,美国最大的连锁零售企业沃尔玛和全球最大的日化用品制造商宝洁争执不断,各种口水战及笔墨官司从未间断。由于争执,给双方都带来了巨大损失,后来彼此开始反思,把产销间的敌对关系转变成双方均能获利的合作关系,宝洁给沃尔玛安装了一套"持续补货系统",该系统使宝洁可以实时监控其产品在沃尔玛的销售及存货情况,然后协同沃尔玛共同完成相关销售预测、订单预测以及持续补货的计划。

沃尔玛作为零售企业,宝洁是日化用品制造商,两者处于同一条价值链上,相当于市场销售与供应商的关系。沃尔玛的关键能力就在于它作为美国最大的连锁零售企业占有巨大的市场,有强大的铺货能力;宝洁的关键能力是它是全球最大的日化用品制造商,有着品牌好、技术能力强的优势。当两个巨头化敌为友、密切合作,这条产销价值链就打通了,双方业绩都得到很大提升,2004年宝洁514亿美元的销售额中有8%来自于沃尔玛,而沃尔玛2560亿美元的销售额中有3.5%归功于宝洁。

3)面:商业生态环境创新。是指企业把周围的环境看作一个整体,然后依此打造出可持续发展的共赢的商业环境,主要围绕企业的合作伙伴进行创新,包括供应商、经销商、其他市场中介,有时还可能包括竞争对手。

小米创立于2010年4月6日,如今已十余年。创业以来,小米从一家手机通信企业,逐步发展到现在的小米生态链,用了7年时间实现营收破千亿元。

小米生态链（见图4-2）已经融合了手机配件、智能硬件、生活用品等领域的高性价比产品，让小米生态链成为"一片竹林"。这里面除了手机外，没有一件商品是小米自主研发和制造的，全部来自不断的分形创新。

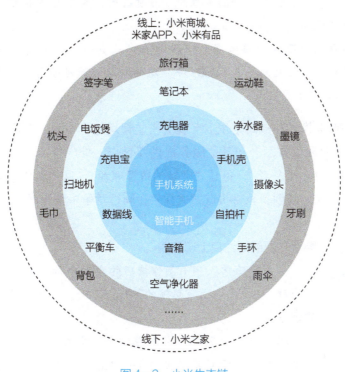

图4-2　小米生态链

小米公司利用其强大的技术研发能力和市场整合能力，通过入股、收购等方式把其他行业伙伴甚至竞争对手一起纳入小米生态环境，"借用"其他企业的产品（例如，小米的移动电源来自紫米公司，耳机来自万魔公司）构建了覆盖领域如此广的小米生态链，带来的结果是各方共赢。2020年2月，小米生态链企业石头科技（小米扫地机器人制造企业）成功登陆科创板上市。石头科技也是继华米科技（小米智能可穿戴设备的研发生产企业）和云米科技（小米互联网家电的研发生产企业）之后，第三家小米生态链的上市公司。

4）体：混合商业模式创新。正如立方体是由点、线、面构成，混合商业模式创新也是建立在结合前三者基础上的创新方式。根据研究，企业的商业模式一般都是混合式的，因为企业商业模式的构成要素之间都是相互依赖、相互作用的。每一部分的创新都会引起另外相应部分的变化，而且这种结合式的创新方式，可以提取各种方式的优点，为企业经营业绩带来巨大的改善。

在人们印象中，物业公司的主要工作是管理小区环境整洁、设施维修、治安等事务，但是深圳市花样年物业管理有限公司（以下简称花样年）可不一样，它的主要赢利来自"社区网络服务项目收费"，包括代业主购物、购买充值卡、送桶装水、订送牛奶，甚至是旅游服务、加油卡推广、百货公司消费储值卡推广、社区电信储值卡推广等诸多服务产品。

这种"社区网络服务项目收费"可跨越自身业务领域不断复制，增长潜力很大，是其商业模式中最大的亮点。2009年，花样年就跟随母公司整体上市，物业服务利润超过4000万元。

花样年的商业模式在战略定位上突破了物业管理这个边界，定位于"社区服务运营商"。在商业环境方面，和其他服务提供商合作，推广各项增值服务。花样年不只是单纯的"物业服务者"，更是"区域消费管理者"。这种新角色由于嫁接了其他行业的商业模式，其创新显得很有颠覆性，在同行竞争中快速确立了领先地位。

典型路演案例

哔哩哔哩纳斯达克上市路演

本书第三章从PPT制作技巧的角度分析了部分哔哩哔哩（以下简称"B站"）上市路演的PPT，下面，重点对其商业模式进行案例分析。

2018年3月28日，B站在纳斯达克上市，每股发行价为11.5美元，共计发行4200万股ADS（American Depositary Shares，即美国存托股份，允许外国的股票在美国股票交易所交易），整体募资规模4.83亿美元。以下是它的上市路演部分内容。

B站商业模式的优良，首先体现在其战略定位的创新，明确了企业价值主张是"丰富中国年轻人的每日生活"，目标用户是"Z世代"年轻人。

B站商业模式的创新，还体现在以用户为本的创新上，深入开拓目标市场，挖掘市场受众潜力。从"Z世代"的角度思考设计企业的行为，以为"Z世代"创造内容价值作为出发点，充分考虑用户需求。

B站的商业模式创新点还体现在不断地优化自身的商业环境。B站的内容始于动画、喜剧和游戏，如今的内容已经拓展到音乐、娱乐、科技、生活方式、时尚和电子竞技等诸多领域。

B站也不断完善技术模式。B站提供多样的多媒体内容，包括图片、博客、短视频、电影、直播和游戏等。

B站的商业模式的核心之一就是其视频内容生态是其他视频平台难以模仿复制的。B站拥有很多忠实用户，用户可以自己上传视频进行分享成为UP主，成为UP主可以获得B站用户的打赏和官方的激励。用户既是视频内容的观众，又是内容创作者。这就形成了一个稳定的符合用户价值需求的内容生产形态。

正是独特的视频内容生态，确保了B站的PUG视频（Personal User Generation，用户自制的、经过专业策划和制作的视频）供应不断增加。主要体现在：

B站86%的视频观看量来自PUG视频。2017年B站拥有204位"天才内容创作者"，较2016年增长一倍多。

B站拥有高质量的内容创造，2017年平均月视频提交量为83.6万部，与2016年相比增长133%。

B站的用户忠诚度很高，截至2017年底拥有1万名以上粉丝的内容创作者数量为2016年底的2倍。

B站从改变技术模式的方向创新商业模式，引入大数据技术分析用户行为。B站了解用户的需求，因此能向他们提供适当的内容和服务。这种有效率的匹配得益于基于用户兴趣和行为的大数据分析。用高质量的内容吸引了大量的用户兴趣。

同时，大数据技术也体现在了B站移动游戏业务的核心竞争力中。

游戏是B站平台上第二受欢迎的视频类别，同时游戏主题的直播也备受欢迎。B站提供自主研发游戏、独家发行游戏和联合运营游戏，通过对用户兴趣和行为进行大数据分析，向用户推荐游戏。

B站的大部分移动游戏玩家来自于B站的社区，2017年B站拥有900万移动游戏月活跃用户，同比增长约300%。

B站的商业模式的创新还在于改变自身的产业模式，进入了一个新行业——直播。直播为B站创造了巨大的商业化潜力。B站拥有大量的潜在主播人选；有人气、高黏度的社区在主播和粉丝之间建立起情感的桥梁；深度了解用户兴趣将确保B站的准确推荐；直播打赏率显著提高。

通过以上对B站商业模式的分析，可以看到它的成功有很多方面，最重要的一点莫过于其商业模式的优良。

首先，受众目标确定且有效，从企业创立之初一直对准Z世代。

其次，B站的视频内容并不以传统的影视综艺为主，而是以PUGV（Professional User Generated Video）为核心，即用户自制的、经过专业策划和制作的高质量视频。富有创意的创作者、庞大忠诚的用户群和优质内容构成了三位一体的良性循环。其中，内容创作者被用户昵称为"UP主"。招股书显示，由UP主创作的高质量视频（PUGV）是B站内容的重中之重，占平台整体视频播放量的85.5%。2017年活跃

UP 主的数量比 2016 年增长 104%。该模式从 B 站成立之初就开始运作积累，现如今，这种源源不断的内容生态是 B 站能够保持内容创新的核心要素，同时也打造了我国互联网中少见的高黏性用户社区。招股书数据显示，B 站用户的日均使用时长达 76.3 分钟。B 站在不断扩大用户数量的过程中，保持了其社区的超强黏性，而根据 2017 年 6 月和 10 月的 QuestMobile 报告，B 站在我国 24 岁以下用户最喜爱的 APP 中排名第一，这一点是其他企业很难复制的。

还有，其商业模式没有故步自封，而是随着 Z 世代群体的爱好发展，进军了"直播"行业，现阶段已经发展为包含视频、游戏、直播、社区等服务的综合性内容平台。

  | **课后演练** |

> 在上述案例复盘中，可以认为优秀的商业模式是 B 站成功的主要原因。除此之外，B 站的成功还有更多因素。请各位同学深入讨论，通过各种渠道查阅相关资料，结合 B 站具体的商业行为，分析它成功的要素还有哪些？其中哪些是值得借鉴学习的？哪些是不可复制的？

4.2　雷区 2：融资计划"漏洞百出"

融资计划关系整个项目以后的资金运作，是项目能够"活下去"的根本。

融资失败案例

"小马过河"的快速坠落

2008 年创始人马骏、许建军创立小马过河国际教育公司（以下简称小马过河），提供留学咨询和首创全日制教学体系。从 2008 年至 2013 年，小马过河在创业路上不断推陈出新，业绩喜人，2014 年度收入高达 1.6 亿，其鼎盛时期员工数量有 900 人。

然而好景不长，小马过河由盛转衰的拐点来临了。

2014 年，小马过河开始全面转型做线上培训，缩减线下业务。同时还在百度花费大量成本投放广告，获客成本急剧上升。数据显示，在 2013 年投入了 400 万费用产生 3000 万收益过后，马骏和许建军看到了 SEM[⊖]的成效，于是，在 2014 年大刀阔斧投了 4000 万。然而，这一次，他们大失所望。最终 4000 万投入的仅带来 4000 万营收，可谓惨淡至极。

随之而来的全面转型则让其最终丧失了现金流。2014 年，在全面拥抱互联网的过程当中，小马过河开始关掉线下门店、裁掉销售团队、停掉 SEM、开发在线产品、开始做微信营销、推出低价产品、做各种辅助学习 APP。这在增加了企业运营成本的同时，还降低了企业收入。

为了全面触网，马骏还将当时赢利的"考神陪读"线下项目暂时停卖，并让销售团队开发低廉的"考神陪练"线上产品，从起先一份破万元的价格逐渐低至 99 元、9 块 9、9 毛钱的价格。在收入锐减的同时，900 人的团队工资开支、线上运营成本不断增加，最终小马过河亏损的篓子开始越捅越大，最终因现金流断裂而倒闭。

小马过河曾经有过不错的融资经历：

2013 年，小马过河获得学而思联合创始人、珍品网创始人曹允东的 1000 万天使投资；

2014 年获原老虎基金中国区总裁陈小红的 A 轮 500 万美元融资；

2015 年后获小米－顺为基金的 B 轮 1000 万美元融资。

但是，小马过河因为转型失败，不断亏损。投资人看到的是小马过河运营状况混乱，财务状况差，没有一家愿意砸钱投入。2017 年初，小马过河破产清算，宣告倒闭。

没有清晰的融资计划，没有明确的发展前景，只是因为企业亏损、缺钱去找投资人，这样能融资成功的概率非常低。做好融资计划，明确自身发展潜力，这对创业者来说是关乎项目"生死存亡"的大事。

4.2.1 企业融资总收益要大于融资总成本

在企业进行融资之前，先不要把目光直接投向各式各样令人心动的融资途径，更不要草率地做出融资决策。首先应该考虑的是，企业必须融资吗？融资后的投资收益如何？因为融资意味着需要成本，融资成本既有资金的利息成本，还有可能是

⊖ SEM 即 Search Engine Marketing，搜索引擎营销。简单来说，搜索引擎营销就是基于搜索引擎平台的网络营销，利用人们对搜索引擎的依赖和使用习惯，在人们检索信息的时候将信息传递给目标用户。

昂贵的融资费用和不确定的风险成本。因此，只有经过深入分析，确信利用筹集的资金所预期的总收益要大于融资的总成本时，才有必要考虑如何融资。这是企业进行融资决策的首要前提。

融资成本是资金所有权与资金使用权分离的产物，融资成本的实质是资金使用者支付给资金所有者的报酬。由于企业融资是一种市场交易行为，有交易就会有交易费用，资金使用者为了能够获得资金使用权，就必须支付相关的费用。如委托金融机构代理发行股票、债券而支付的注册费和代理费，向银行借款支付的手续费等。企业融资成本实际上包括两部分，即融资费用和资金使用费。

融资费用是企业在资金筹资过程中发生的各种费用。

资金使用费是指企业因使用资金而向其提供者支付的报酬，如股票融资向股东支付股息、红利，发行债券和借款支付的利息，借用资产支付的租金等。

需要指出的是，上述融资成本的含义仅仅只是企业融资的财务成本，或称显性成本。除了财务成本外，企业融资还存在着机会成本（或称隐性成本）。机会成本是经济学的一个重要概念，它是指把某种资源用于某种特定用途而放弃的其他各种用途中的最高收益。

例如，果农在获得一定土地时，如果选择种橘子就不能选择种其他水果，种橘子的机会成本就是放弃种香蕉或者苹果的收益。假设种橘子可以获得5万元，种香蕉可以获得3万元，种苹果可以获得4万元，那么种橘子的机会成本是4万元，种香蕉的机会成本为5万元，种苹果的机会成本也为5万元。

我们在分析企业融资成本时，机会成本是一个必须考虑的因素，特别是在分析企业自有资金的使用时，机会成本非常关键。因为，企业使用自有资金一般是"无偿"的，它无须实际对外支付融资成本。但是，如果从社会各种投资或资本所取得平均收益的角度看，自有资金也应在使用后取得相应的报酬，这和其他融资方式应该是没有区别的，所不同的只是自有资金不需对外支付，而其他融资方式必须对外支付。

4.2.2 企业融资规模要量力而行

由于企业融资需要付出成本，因此企业在筹集资金时，首先需要确定企业的融资规模。

筹资过多，或者可能造成资金闲置浪费，增加融资成本；或者可能导致企业负债过多，使其无法承受，偿还困难，增加经营风险。

筹资不足，则又会影响企业投融资计划及其他业务的正常开展。

因此，企业在进行融资决策之初，要根据企业对资金的需要、企业自身的实际条件以及融资的难易程度和成本情况，量力而行来确定企业合理的融资规模。

2017年是招聘行业发生变革的一年，与传统网站，如51job、智联招聘、中华英才网等相比，拥有移动互联网巨大流量的新型招聘网站诸如BOSS直聘、拉勾等网站因轻松高效获胜。

但是，在这场战役当中，却有一家网站没有坚持到最后，这就是曾经红极一时的周伯通招聘。

2014年9月，周伯通招聘曾获得网易资本2800万元投资。

但是，2017年初据多方消息人称，移动互联网招聘社区周伯通招聘已倒闭，且停运时间在半年以上。

据知情人爆料，周伯通招聘原本一千万元的融资计划最终以七八百万成交，但是最终也没有到账，投资人不仅迟迟不到账，更是"翻脸不认账"。

没有资本，失败成了必然。

回顾周伯通招聘的融资之路，可谓是成也资本，败也资本。在融资上，周伯通招聘错误不断，虽然有几家对周伯通招聘CEO冯涛抛出了橄榄枝，但因觉得金额太小，他们还可以找到下一家的投资机构给出更高估值，周伯通招聘错过了最佳融资时机，最终在新融资难以到账的情况下，周伯通招聘不得不宣传倒闭。

所以，企业融资要量力而行，要根据自身的实力制订融资计划，不可"狮子大开口"，导致投资人"跑路"。

4.2.3 融资计划要有理有据

看到支付宝、微信、饿了么等的补贴大战之后，很多人就一味地想着创业第一件事情就是"烧钱"把客户数量做起来。这是很严重的误区，没有一个企业是单纯靠"烧钱"就可以创业成功的。融资资金用来干什么十分重要，计划要有理有据，即明确自身的发展需求。

1）知道自己要用钱，及早地开始准备融资。

2）知道自己融资是为了开拓市场。

3）知道什么时候开拓多少市场。

4）知道把这些市场"打"下来，需要用多少资金。

4.2.4　必须要体现强劲的财务营收潜力

对于大多数投资人来说,企业的赢亏与否并不是最重要的评判因素,他们更看重企业的品牌价值和可持续发展等指标。那么在项目路演过程中,体现强劲的财务营收潜力是十分重要的。许多传统夕阳产业总是融不到资;一些新兴互联网产业,即使处于创业探索期或者开拓用户及市场期,财务报表上当年处于亏损状态,但还是有很多资本会蜂拥而至。因为他们具有较强的财务营收潜力。

趣店集团的财务状况介绍

趣店是一家金融技术服务公司,虽然近年来,其业绩下滑,但其赴美上市路演时对财务状况的介绍值得借鉴。

趣店集团于2017年10月18日在美国纽约证券交易所挂牌上市,代码"QD",IPO发行价格区间19~22美元/ADS[①],计划发行3750万股ADS(其中新发行3562.5万股),拟融资7.12~8.25亿美元。以下是它的上市路演中财务部分的具体内容。

图4-3所示PPT介绍的是趣店的财务亮点,主要包括四点:

持续增长的借贷人、交易规模和信贷;

有吸引力的收入增长;

很好的资产质量;

低运营成本结构。

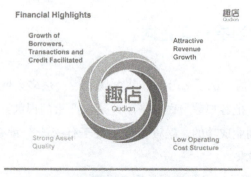

图4-3　趣店上市路演PPT(1)

---

① ADS,American Depository Shares,即美国存托股票,是指外国公司授权美国的受托人(Trustee)在美国发行的、以美元计价的所有权证书。

接下来,趣店结合财务数据图表对各个亮点进行了具体介绍。

图4-4介绍的是在趣店平台的贷款人数增长迅速:

2017年上半年贷款人数超过700万人,上年同期为250万人;

2017年上半年平均每个贷款人交易笔数5.8笔,上年同期为4.5笔。

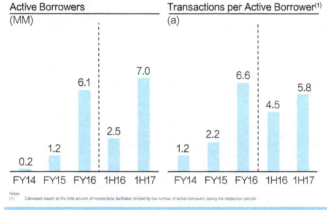

图4-4 趣店上市路演PPT(2)

图4-5介绍的是趣店的交易额及营收:

2017年上半年累计贷款额382亿元人民币,上年同期为94亿元人民币;

2017年上半年营收18亿元人民币,上年同期为3.7亿元人民币。

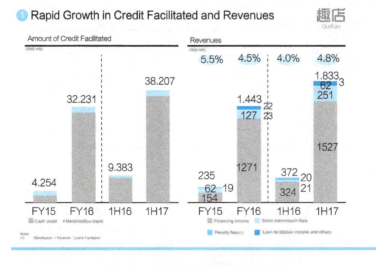

图4-5 趣店上市路演PPT(3)

图4-6是对趣店资产质量高展开的详细介绍,具体体现在其用户有良好的信用表现,不良率低于0.5%。

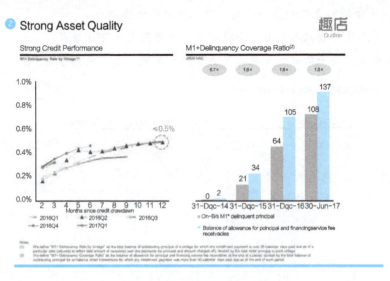

图4-6 趣店上市路演PPT(4)

图4-7是对趣店低运行成本结构展开的详细介绍。

2017年上半年销售及市场费用1.5亿元人民币,平均每笔交易3.7元人民币,上年同期为6.8元人民币;

2017年上半年研发及管理费用1.3亿元人民币,平均到每笔交易约为3.3元人民币,上年同期为2.2元人民币;

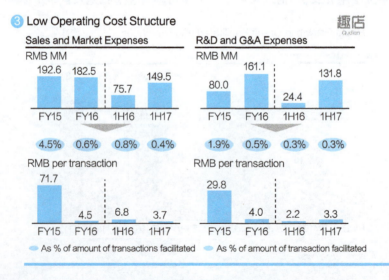

图4-7 趣店上市路演PPT(5)

图 4-8 介绍了趣店有吸引力的赢利能力。

2017 年上半年调整后净利润 10 亿元人民币，净利率 55%；上年同期调整后净利润 1.2 亿元人民币，净利率 33%。

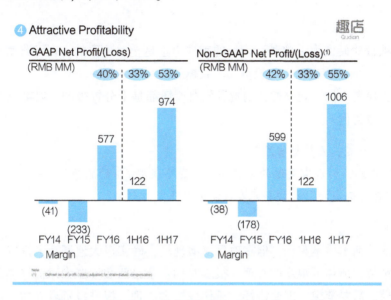

图 4-8　趣店上市路演 PPT（6）

趣店作为一家做金融技术服务公司，其财务状况是投资人最重视的。通过营收增速迅猛、低成本运营、资产质量高、高赢利水平这四大方面，数据化地呈现出其财务状况优良，投入成本较低，未来发展势头强劲。最终获得投资者的青睐，顺利上市成功。

课后演练

关于财务知识，大多数同学不甚了解，本书的一些内容也只是简要介绍。想要真正地去创业融资，必须对于财务专业知识有所了解。同学们在课后学习中，要多向相关专业的老师或同学请教，多阅读一些相关的专业书籍资料，并制订自己项目的融资计划。

4.3 雷区 3：项目路演方式"平铺直叙"

除了项目"硬实力"之外，现场的表现力也是至关重要的，现场路演一定不能"平铺直叙"，而是要充分引起投资人的兴趣。

例如，投资人们、观众们、消费者们对情怀都是十分钟爱的，以某创业者在项目路演上所言为例。

"让我们一起，为梦想窒息"
"只有被 99% 的人嘲笑过的梦想，才有资格谈那 1% 的成功"
"我们也许会成功，也许会死在成功的路上"
……

虽然这些话本质是鸡汤，但在项目路演现场，确实极大地调动了投资人及其追随者们的情绪，抓住了观众的心理。很多时候，项目路演不能太平铺直述，项目路演需要激情、需要梦想、需要情怀。抓住投资者心理、提升投资者兴趣，才能提高融资成功的概率。

4.3.1 掌握内容，不拘泥于讲稿

项目路演演讲虽然时间很短，但要求内容丰富、生动、全面、准确，在表达过程中只有做到波澜起伏、抑扬顿挫，才能不断地感染现场投资人，调动项目路演现场的气氛，从而逐渐形成热烈的场面，使投资人全神贯注。掌握内容虽然是感染现场投资人的前提，但是照稿念，演讲者往往会顾此失彼，顾得了演讲稿，就顾不了听众，更无法用丰富的表情和形象的动作与演讲内容协调配合，演讲就无法生动形象，不能生动形象，自然就无法感染现场的投资人。演讲者要熟悉演讲稿的内容，但又不能拘泥于讲稿，要真正的"入戏"，要能在演讲中自然地调动投资人的情绪、自然地感染投资人。

4.3.2 找准话题，提升投资人兴趣

虽然项目路演现场要求演讲者的演讲内容要围绕着项目转，但是这不阻碍演讲

者适当地选择一个投资人喜欢的话题，调动现场的气氛，加深投资人对你的印象，从而提升投资人对融资项目的兴趣。除了项目的话题之外，投资人也和普通的听众一样，对一些热门话题感兴趣，例如，一系列满足求知欲的话题、刺激好奇心的话题、事关投资人利益的话题，有关信仰和理想的话题，满足投资人优越感的话题等。

4.3.3 与投资人互动，营造参与感

项目路演演讲者在演讲时，如果能让投资人参与其中，形成台上、台下互动，上下呼应的场面，演讲的效果必定精彩纷呈。

1. 幽默让现场气氛更轻松

生活中没有幽默是乏味的，课堂上没有幽默是枯燥的。所以在演讲现场，适当加一些幽默内容，创造一种轻松的气氛，会提高投资人对演讲内容的接受率，让现场气氛更加轻松。幽默的几点注意事项：

1）不要反复说同样的一句话。"话说三遍淡如水"，同样的一句话，说的次数太多，就算再怎么好笑都不好笑了，而且会引起别人的反感情绪。

2）笑话不要牵强附会。如果你讲的笑话和你现在的项目没有什么相关性，那么会让投资人感觉非常莫名其妙。

3）笑话要有相关性。要针对你的投资人讲一些和他们相关的话题，不要离他们的需求太远。

2. 设置兴奋点，引发现场高潮

所谓兴奋点，是指散落在项目路演现场中那些富有激情、容易对听众产生较强刺激或是引起高度重视、能产生强烈共鸣的演讲词句，或者演讲者的行为。在项目路演演讲的过程中设置兴奋点，不但能有效引发演讲者的深入联想，还有利于增强演讲者的自信心，使演讲更加生动感人。这样，台上台下连成一片，形成讲与听的整体效应，最终引发项目路演现场的高潮。设置兴奋点的4大技巧如下：

1）酝酿浓厚情感，留出掌声空间。掌声的调剂会使演讲产生强烈的现场感染力。因此起草演讲稿时应有意识地给掌声留出一定的时间。这就需要在演讲稿中主动运用那些充满激情、立场鲜明、见解独到、能够给听众以深刻启迪的语言。这些语言能让听众受到激励、鼓舞和启发，从而自发地鼓掌。例如，乔布斯在2005年斯坦福大学毕业典礼上的演讲，先娓娓道来了关于他自己的三个故事，最后一句话总

结：Stay Hungry！Stay Foolish！（求知若渴，虚怀若谷。）前面三个故事酝酿了情感，最后一句话掷地有声，使听众情感爆发，最终赢得了满堂掌声。

2）设置兴奋语言，满足投资人心理。按照项目路演内容需要，创业者可以在打磨演讲稿的过程中，有目的地选取一些可以令听众兴奋的语言，将其有计划地预设在演讲稿中，这样可以拉近创业者和投资者的心理距离，满足听众的心理需要，但要求符合客观事实、符合逻辑，千万不能不顾对象、故弄玄虚、刻意求工。1945年，美国时任总统杜鲁门在日本投降时发表的广播演说中，首先把人们的注意力集中到了日本签署无条件投降的美军军舰密苏里号上，接着又回顾了四年前的珍珠港事件，让所有美国人的心都为之跳动，在缅怀亲人的同时，阐明这是自由对暴政的胜利，并认定"胜利后的明天将是全世界和平与繁荣的希望"。整篇演讲起伏有致，既肯定了民族的精神与意志，又让人民对明天充满必胜的信心。

3）敢于打破思维定式，善于标新立异。人都有好奇心，满足人们的好奇心和求知欲本身就具有使人兴奋的作用。打破常规、标新立异都是设置兴奋点的好方法。

4）加大语言力度，提高刺激强度。从生理学角度讲，在额定域值内，人的感官接收外来刺激的强度越大，神经兴奋的程度越高。心理学研究表明，人们最容易记住对自己有重大影响的、对自己有利的、自己主观愿意记住的或给予自己重大刺激的信息。听众对演讲反映的强弱，或者是演讲对听众兴奋程度的影响，一定程度上取决于演讲语言的强度。

3. 调动现场气氛，避免冷场

项目路演演讲现场的冷场分为两种情况：一种是在单向交流中，听的人毫无兴趣，注意力分散；另一种是在双向交流中，投资人毫无反应，或者仅以简单的单音字节应付。出现这种场面的根本原因在于发言者的话没有吸引力，投资人只是出于礼貌而扮演"接受者"的角色。冷场是项目路演现场经常遇到的问题，会让项目路演演讲者觉得尴尬，甚至变得手忙脚乱。那么如何避免冷场，调动场内的气氛呢？调动现场气氛的四大技巧如下：

1）演讲要简短有力。项目路演者要善用、多用简短的语句去表达，太长的语句会让人听起来更吃力且显枯燥。简短有力的演讲能够让项目路演者形象更果断决绝，气场更强大。

2）切换话题，拉回投资人的注意力。在项目路演过程中，尽量不要在一个话题停留太久，每个话题把关键内容表述清楚就可以，要善于切换话题，拉回投资人的注意力。

3）适当地赞美投资人，求得好感。学会赞美他人，对投资者更不能例外，这体现了项目路演者的态度和情商。

4）制造悬念，激发投资人的兴趣。要善于用语言、动作去制造吸引人的悬念。如图4-9所示，乔布斯在发布MacBook Air的时候，他拿上了一个普通的文件纸袋，观众都很好奇他要做什么。接着乔布斯的一只手从纸袋中缓缓掏出这部计算机，台下观众一下子都惊呆了。这就是悬念带给观众的心里起伏，能迅速引起观众的兴趣。

图4-9　MacBook Air发布

典型路演案例

2015年至今，由教育部主办的中国"互联网+"大学生创新创业大赛已经创办了多届，涌现出一大批科技含量高、市场潜力大、社会效益好的优秀项目，产生了良好的社会效应，为青年大学生创新创业树立了良好榜样，搭建了沟通桥梁。大赛旨在深化高等教育综合改革，激发大学生的创造力，培养造就"大众创业、万众创新"的主力军。大赛创新了高校人才培养模式，营造大学生创新创业的良好氛围，推动了高校毕业生更高质量创业就业。

在全国大学生第四届"互联网+"创新创业大赛决赛中，北京理工大学"中云智车——未来商用无人车行业定义者"获得冠军。那我们就来分析一下，此次大赛中"中云智车"项目缘何能一举夺魁？有哪些值得我们借鉴的经验？

如图4-10所示，在项目路演伊始，项目路演者"中云智车"

图4-10　"中云智车"项目路演（1）

创始人倪俊用一句话简洁地介绍了该项目:"迄今为止,它是国际上第一个真正的车规级无人车的研发者"。开场白提纲挈领,一句话就让观众明白其项目内容(无人车)、项目影响力(国际第一个)。而且用"国际""第一个""真正的"等带有兴奋性质的语言开场,一下拉回了台下观众的注意力,也提起了评委们的兴趣。

在团队概述中,项目路演者的介绍语言是"我们团队创造了诸多具有世界影响力的成果",这对他来说并不是大话,而是实力给的强大底气,接下来就通过图文对应的PPT(见图4-11)介绍了这个团队的辉煌历史——曾创造世界第一辆无人驾驶赛车、世界第一辆全线控重型无人车、我国第一辆纯电动赛车等,多次为国出战,获"中国方程式汽车大赛"总冠军、"国际汽联方程式锦标赛世界车手总冠军"等奖项10余项。

图4-11 "中云智车"项目路演(2)

接下来在团队历史关键节点中,重点介绍了两个"第一辆":

世界第一辆无人驾驶赛车(2016年);

世界第一辆军用全线控超级无人车(2017年)。

用两个"世界第一辆"来形容自己的项目历史,表明自身强大实力的同时,也建立了民族情怀,如此强大的语言感染力是能打动现场评委的。

接着,项目路演者陈述了该项目的社会影响,用产生的社会影响力为自己的项目"背书"。

接着,项目路演者介绍了团队的核心成员,主要对创始人进行了概述,列出了该创始人取得的一系列荣誉或成就,表明团队创始人的实力,而投资就是投人,投资人非常看重一个团队核心成员的潜力和实力,一位优秀的领导者带领一个优秀的团队是企业成功的标配。所以,在项目路演过程中,要善于深入地挖掘团队实力,要学会合理地、基于实际地"包装"自己的团队。

在公司愿景介绍时,项目路演者用两句话定义了公司愿景。

第一个公司愿景是车规级无人车产业定义者(民用)(见图4-12),主要阐述了市场规模:特定场景无人车产业规模——1.5万亿级,并且用可视化图表的方式展示无人车产业的业务构成部分及相应的比例;产品应用场景:无人物流车、无人摆渡车、无人清扫车、无人零售车等。

图4-12 "中云智车"项目路演(3)

第二个公司愿景是军用无人战车缔造者(军用)(见图4-13),主要阐述了用户需求:无人陆军装备是我国新型陆军装备的重要需求;政策背景:军民融合政策开放千亿级军工产业窗口。用政策趋势为自己的项目"背书",证明该项目的市场潜力非常大。

图4-13 "中云智车"项目路演(4)

在介绍行业痛点时（见图4-14），项目路演者从技术能力的角度，指出目前行业痛点是无人车的技术创新研发能力不足、大规模应用难。而在接下来的阐述中，项目路演者也重点强调了自己的项目有着强大的技术研发能力，能够解决这些痛点。

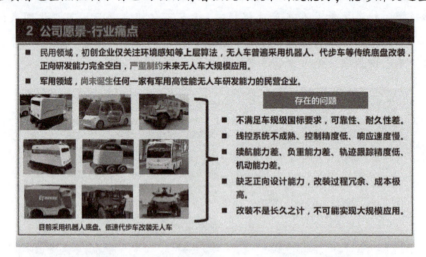

图4-14 "中云智车"项目路演（5）

接着，进入公司简介部分，项目路演者首先介绍了公司规模。从图4-15可以看出，该项目已初具规模，有研发中心、实验室，也有生产基地。在融资方面，已完成数千万天使轮融资，估值近亿元。这部分展示了该公司已经具备研发-生产能力，而且已经获得过融资，这一点可以增强投资者投资信心。

图4-15 "中云智车"项目路演（6）

接着，项目路演者展示了该系列产品（中云1.0）的技术参数和技术优势，重点强调专利数和已交付订单数。

然后，又展示了该系列产品（中云2.0）的技术参数，实景图展示该款产品已经得到落地量产。同样也重点强调专利数和订单数来表明该系列产品（中云2.0）

的技术优势和具备市场认可度。并展示该款产品的民用应用场景。

在介绍项目系列产品时,主要从发明专利、交付订单数、客户(顺丰、百度、美团、一汽、宇通、奇点汽车、省市产业或示范园区)、技术能力、项目立项等的角度来阐述产品潜力和优势。用了"世界首个""中国首个"等多个形容词来形容自己的产品,进一步证明了其具备强大的技术能力(拥有多项发明专利)、市场潜力大(已经进军了民用和军用领域),值得投资人投资。

在介绍目前订单情况时,PPT列举出了大品牌客户的LOGO来为自己"代言",项目路演者介绍是:"客户基本实现了无人车应用场景的全覆盖。"一句话总结得非常到位,符合该PPT要表达的中心思想,也就是说该项目已经得到过众多大品牌客户的信任,有客户基础了。

在财务预测部分(见图4-16),项目路演者根据现有销售情况,做出了大胆且合理的预测。投资就是投人,投资者会看中一个创业者对成功的自信。

图4-16 "中云智车"项目路演(7)

在最后阶段,项目路演者用团队故事收尾,讲述了项目团队代表我国参加国际大赛的经历。在项目路演结束时,把团队为国争光的情怀氛围烘托了出来。所以,在项目路演中,创业者要善于讲述团队故事,敢于表达家国情怀。

总结来说,"中云智车"项目路演现场非常优秀,有很多值得学习的优点,但也有一些瑕疵值得注意。优点就在于:

首先,项目路演者现场演讲能力强,敢表达、会表达,抑扬顿挫,沉着自信,自带气场;

其次,PPT制作比较精良,每张PPT的图片文字都紧扣主题,关键词句都有重点突出显示;

项目路演者对时间把控得比较好，在 5 分钟内基本上把重点、要点都介绍到了，整个项目路演的内容比较完整；

再次，整场项目路演的氛围非常好，有情怀、有故事，而且团队故事紧扣爱国的时代主旋律。

但是，该项目路演也存在一些小瑕疵，那就是出于时间规定的原因，PPT 缺少动画、比较直白、没有悬念；部分 PPT 文字元素过多，观众看不过来；缺少一些直观的图表化的运营数据、财务数据。

总之，在商业模式方面，该项目路演过程中其实已经把商业模式的逻辑勾画得简单明了：立足自身的技术能力、产品优势、研发各种应用场景的智能无人车，在民用、军用两大市场具有很大潜力。这种技术驱动的商业模式不复杂，但也并非乏善可陈，因为项目产品已经得到了市场认可，所以对投资者的说服力是非常强的。

该项目路演中并未提到融资计划，主要原因是这是一场大学生"互联网+"创新创业大赛，并非真正的融资路演，有投资意向者会在赛后进行沟通。

在项目路演方式方面，整个项目路演现场也并非平铺直叙，可以看到项目路演者是很有激情和自信的，有很好的演讲技巧和能力，该项目是北京赛区冠军，也就是说，如此优秀的项目路演现场是从基层高校到地区再到全国，一次次选拔、一次次锻炼出来的结果。

同学们还可以观看一下往届中国"互联网+"创新创业大赛总决赛冠军争夺赛，领略一下这些优秀大学生创业者的风采，学习他们的优秀经验。

课后演练

1. 根据自己的项目路演 PPT，多进行模拟练习和总结，反思自己团队项目路演方式的不足之处，并寻求改进与创新，不断进步。

2. 寻找更多的项目路演经典案例，学会做复盘分析，分析这些企业/团队成功或者失败的原因。他们是否踩上了或者成功避免了某些"雷区"？你还发现了什么新的"雷区"？

参考文献

[1] 倪俊. 中云智车 未来商用无人车行业定义者 [J]. 大学生,2018 (12): 16-17.

[2] 杨军. 知道这几点,项目路演就成功一大半了![EB/OL]. (2018-05-07) [2021-03-15]. https://zhuanlan.zhihu.com/p/36523245.

[3] 愚然楼. 创业者必读的项目路演取胜方法![EB/OL]. (2017-05-15) [2021-03-15]. http://www.360doc.com/content/17/0515/23/10096_654269877.shtml

[4] 白马. 谢利明:如何进行一场成功的项目路演?[J]. 黄金时代,2016 (3): 64-65.

[5] 思达派. 创业路演失败的六大原因 [J]. 名人传记(财富人物),2016 (06): 87.

[6] 杨凯. 路演,打造最粗暴的融资方式 [J]. 华东科技,2015 (09): 64-65.

[7] 周秀凤. 初创业者做路演的8个成功技巧 [J]. 赢未来,2014 (09): 46-47.

[8] 孙艳. 提高自我效能感 促进创业路演技能提升 [J]. 湖北农机化,2019 (08): 33.

[9] 胡珺喆. 路演之道 [M]. 北京:企业管理出版社,2018.

[10] 付守永. 路演大师 [M]. 北京:企业管理出版社,2016.

[11] 沈宇庭. 融资路演,讲好故事 [M]. 北京:中国经济出版社,2018.

[12] 袁一峰. 商业路演:撬动资本蜕变路径图 [M]. 北京:企业管理出版社,2017.

[13] 尚玉钒. 融资路演全攻略:商业融资策略与技巧 [M]. 北京:北京大学出版社,2019.

[14] 陈丰. 融资路演:能打动投资人的路演技巧 [M]. 北京:人民邮电出版社,2017.

[15] 江远涛. 路演中国 [M]. 北京:人民邮电出版社,2016.

[16] 肖尧. 解密商业路演:把话说出去,把钱收回来 [M]. 广州:广东经济出版社,2018.

[17] 马强. 路演兵法:资本时代企业家的必修法门 [M]. 北京:企业管理出版社,2015.

[18] 马强. 路演中国:迎接新常态中国·打造路演型城市 [M]. 北京:中国财富出版社,2016.

[19] 朱菲菲. 众筹一本通:创业、股权、项目路演与推广 [M]. 北京:中国铁道出版社,2017.

[20] 李浩源. 商战路演:企业获取资本的"秀"之道 [M]. 北京:经济管理出版社,2017.